Knaur

Rose Marie Donhauser

Gesunde Brote

Knaur

Rose Marie Donhauser

Gesunde Brote

- Leckere Rezepte für Backofen und Brotbackautomat
- Mit einem Vorwort von Dr. med. Johannes Schiller

www.knaur.de

Inhalt

Liebe Brotbäckerinnen und – bäcker!

»Unser täglich Brot gib uns heute«, lautet ein den meisten wohl bekannter Satz aus dem christlichen Vaterunser. Man mag über die Religion denken, wie man will: Brot brauchen wir, und zwar täglich. Denn aus medizinischer Sicht ist Brot – vor allem Vollkornbrot – ein ganz wesentlicher Bestandteil einer gesunden Ernährung.

Die Ernährung des Durchschnittsdeutschen ist allzu fettreich, hervorgerufen durch ein Übermaß an Wurstwaren, Fleisch, Süßigkeiten und Knabberwaren wie Chips. Brot bildet hier einen ausgleichenden Faktor, da zum Beispiel ein Roggen-Weizen-Mischbrot je 100 Gramm ganze 175 Kilokalorien (kcal) Kohlenhydrate, aber nur 10 Kilokalorien Fett enthält.

Bei dem Vergleich einer Scheibe Vollkornbrot gegenüber beispielsweise einem Schokoriegel schneidet Brot auch in anderer Hinsicht ausgesprochen gut ab. Denn die langkettigen Kohlenhydrate des Brotes werden langsam verdaut, bevor sie als Glukose (Blutzucker) im Blut auftauchen. Der Schokoriegel dagegen ist in null Komma nichts im Blut und erhöht den Blutzuckerspiegel. Das regt die Bauchspeicheldrüse zu einer erhöhten Produktion des Hormons Insulin an. Folge: Der Blutzuckerspiegel fällt rasch wieder ab. Das Gehirn aber ist auf Glukose als Energielieferanten angewiesen: Fällt der Blutzuckerspiegel zu sehr ab, können wir uns schlecht konzentrieren. Es muss deshalb schnell wieder mit Glukose versorgt werden – der nächste Schokoriegel wird fällig. Vollkornbrot hingegen versorgt das Gehirn langfristig mit Glukose, ein Auf und Ab des Blutzuckerspiegels unterbleibt, die Konzentrationsfähigkeit des Gehirns ist konstanter.

Ein weiterer wichtiger Gesundheitsfaktor in Brot sind die unverdaulichen Ballaststoffe. Die Deutsche Gesellschaft für Ernährung (DGE) empfiehlt, dass ein Erwachsener davon täglich mindestens 30 Gramm zu sich nehmen sollte. Der Durchschnittsdeutsche kommt jedoch nur auf knapp 23 Gramm – ein Viertel weniger als gefordert. Das ist höchst bedauerlich, senken doch viele Ballaststoffe in der Nahrung den Cholesterinspiegel und beugen damit Herzinfarkt und Schlaganfall vor. Zudem reduziert ein hoher Anteil an Ballaststoffen unter anderem das Risiko für Darmkrebs, Gallensteine, Verstopfung, Übergewicht und Diabetes mellitus (Zuckerkrankheit).

Vollkornbrot gehört zu den an Ballaststoffen reichsten Nahrungsmitteln überhaupt. So enthalten vier Scheiben Roggenvollkornbrot (100 Gramm) gute 8 Gramm davon, Weizenvollkornbrot immerhin 7 Gramm, Weißbrot hingegen nur 3 Gramm. Doch selbst das ist im Vergleich zu vielen anderen Lebensmitteln noch eine ganze Menge: Birnen bringen es je 100 Gramm auf 4 Gramm Ballaststoffe, Äpfel und Kartoffeln sogar nur auf 2 Gramm.

Zudem stecken in Brot viele lebenswichtige Mikronährstoffe, allen voran die Spurenelemente Selen und Chrom. Selen ist für das Immunsystem unverzichtbar, Chrom beschleunigt den Fettabbau durch eine verbesserte Insulinwirkung. Auch so genannte Phytoöstrogene (Lignane) – das sind hormonähnlich wirkende Pflanzenstoffe – befinden sich im vollen Korn. In Tierversuchen haben sie sich bereits als krebsschützend erwiesen. Das für unsere Nerven so wichtige B-Vitamin Thiamin steckt reichlich in Hafer, und Folsäure – sie schützt Babys im Mutterleib vor dem offenen Rücken (Spina bifida) und schützt vor Herz-Kreislauf-Erkrankungen – in Weizenkleie.

Last but not least: Wer mit allen Sinnen genießen kann, lebt gesünder. Und Brot, ganz besonders das selbst gebackene, schmeckt nun einmal ganz einfach hervorragend.

In diesem Sinne wünsche ich Ihnen ein gutes Gelingen und alles Gute für Ihre Gesundheit!

Dr. med. Johannes Schiller

Das Wichtigste über Brotbacken

Unser Grundnahrungsmittel Brot ist der Urbegriff oder sogar das Synonym von Essen, seit Jahrtausenden behält der überlieferte Satz »Unser täglich Brot gib uns heute« seine Gültigkeit. Egal wie arm oder reich die Menschen in der langen Brotgeschichte waren, aus zwei Zutaten, wie Mehl und Wasser, wurde einfaches Brot gebacken: Als Sinnbild, zur Danksagung, als religiöse Opfergabe, als Zeichen der Gastfreundschaft, als Geschenk für das neue Haus, als eingeteilte Ration in schlechten Zeiten oder schlichtweg als Grundbestandteil des täglichen Speisezettels.

Brot ist immer en vogue

Brot hat die Menschen immer begleitet, die frühesten Aufzeichnungen finden wir im alten Mesopotamien, etwa 2000 v. Chr. wurde der erste Laib Brot gebacken. Tausende von Jahren gespickt mit Geschichten, Erzählungen und Anekdoten reihen sich an, über die Entwicklung und die Bedeutung der Brotgeschichte zu berichten.

Brotbacken vor 100 Jahren

Doch speziell im letzten Jahrhundert hat sich eine Wende bei der Herstellung sowie der Vielfalt von Brot in unserem täglichen Speiseplan immer mehr herauskristallisiert.

Noch Anfang des zwanzigsten Jahrhunderts buken fast alle ihr täglich Brot zu Hause oder brachten den zu backenden Laib in ein Gemeinschaftsbackhaus. Natürlich war dies in Stadt und Land etwas unterschiedlich, aber dennoch war das Brotbacken im allgemeinen noch fest in der Hand der Hausfrauen. Zunehmende Industrialisierung, Automatisierung im Haushalt sowie Veränderung der beruflichen Anforderungen an Mann und Frau schoben das Brotbacken immer mehr aus dem häuslichen Herd hin zu Bäcker, Supermarkt und Kaufhaus.

Deutschland ist das Land des Brotes

Die Vielfalt der Brote ist enorm, speziell in Deutschland gibt es mehr Sorten als irgendwo sonst in der Welt. Übergreifende Kulturen sowie die Reise- und Tourismuswelle haben uns zudem Brotsorten gebracht, die ganz selbstverständlich im reichhaltigen Angebot zu finden sind. Die Industrie hat uns im großen Stil die Arbeit abgenommen und uns das Gefühl gegeben, dass Brot im heimischen Herd zu backen gar nicht klappen könnte. Hinzu kam, dass kein Mensch mehr »sich die Arbeit machte«, weil es sich preislich auch gar nicht lohnte, selbst in der Küche zu stehen.

Wo bleibt die Gesundheit?

Doch, jetzt kommt der große Zeigefinger, Brot verkam stellenweise zum Massenprodukt: immer billiger, noch längere Haltbarkeit durch die verschiedensten Zusatzstoffe wie Emulgatoren oder Aminosäuren (z.B. Cystin oder Cystein), mit denen Brot einfach herzustellen oder länger zu lagern ist. Mit den Zusatzstoffen und Massenprodukten kamen auch die Nahrungsmittelunverträglichkeiten und Lebensmittelallergien.

Und plötzlich war alles umgekehrt: Geschäfte mit natürlichen, unbehandelten Lebensmitteln, so wie es eigentlich und ursprünglich die Natur vorsah, mussten oder durften dies als »ökologische« Waren deklarieren. Die Verbraucher fingen nach etlichen Lebensmittelskandalen in allen Bereichen wieder an nachzufragen, die auf den Verpackungen verzeichneten Inhaltsstoffe zu lesen – und wieder stärker die »Eigenregie« in der Küche zu übernehmen.

Luxusgut – selbst gebackenes Brot

Brot zu backen ist sehr einfach, doch die nötige Ruhe und Zeit finden viele Menschen in unserer heutigen, allzu hektischen und schnelllebigen Zeit nicht (mehr). Zeit ist zum Luxus geworden und genau die ist nötig, um selbst zu Hause Brot zu backen. Ruhe, Geduld und das Interesse zu wissen, was genau im eigenen, selbst Gebackenen enthalten ist, veranlasst immer mehr Menschen dazu, sich dieses »Luxusgut« wieder zurückzuholen.

Hier ist die Gesundheit

Brot ist das Fundament in unserer Ernährung. Laut Statistik liegt der Pro-Kopf-Verbrauch bei den Mitteleuropäern im Schnitt bei etwa 250 Gramm täglich. Grund genug, um sich über ein so wichtiges Segment in unserer Ernährung Gedanken zu machen: Sehe ich Brot nur als problemlosen Pausenfüller zum Essen im Stehen, als neutrale »Behelfsunterlage« für leckere Beläge, als mitessbare Verpackung bei Sandwiches und als nahrhaften Tunk- und Saucenaufwischer an? Oder bedeutet Brot für mich Genuss, Geschmack, Frische, Kruste, Würze und essbare Gesundheit, die pur auch so schmeckt?

Machen Sie den ultimativen Brottest mit unseren Rezepten und Sie werden schmecken, dass sich hinter dem allgemeinen Oberbegriff Brot eine Menge Vielfalt, Gesundheit und Geschmack eröffnet. In diesem Backbuch »Gesunde Brote« stellen wir im Einleitungsteil alles Wissenswerte vom Korn bis zum fertigen Brot vor. Bei den Rezepten weisen wir mit Tipps, Varianten und Gesundheitskästen sehr ausführlich auf die gesundheitlichen Aspekte und das gute Gelingen der selber gebackenen Brote hin.

Am Anfang war das Korn

Die älteste Kulturpflanze der Menschheit ist der Weizen. Er gilt in der christlichen Tradition als Symbol für Geburt und Tod. Die Weizenähre war im antiken Griechenland das Zeichen für Fruchtbarkeit. Die hohe Auszeichnung und Wertschätzung, die der Grundzutat Weizen in Form von Ehrerbietungen, Traditionen und Brauchtümern bezeugt wurde, zeigt, wie wichtig »das Korn« für die Menschheit ist.

Vom inneren Wert des Weizens

Das mit Abstand meist verwendete Mehl zum Brotbacken ist das gemahlene Korn vom Weizen. Gut bestückt mit lebenswichtigen Nährstoffen, die den Grundbaustein unserer Ernährung bilden. Ein Weizenkorn besteht aus dem Mehlkörper, der überwiegend Stärke enthält, aus dem Keimling, der reich an Vitaminen, Eiweiß, Fett und Mineralstoffen ist, und aus den Randschichten, in denen Vitamine, Mineral- und Ballaststoffe reichlich vorhanden sind. Um in den Genuss von diesem ganzen, vollen Korn mit all seinen hervorragenden Inhaltsstoffen zu kommen, müssten Sie entweder frisches Korn in Ihrer eigenen Haushaltmühle mahlen oder das gemahlene Korn in einer speziellen ökologischen Mühle oder im Bioladen oder Reformhaus kaufen.

Von Klebern und Mehltypen

Das volle Korn wird unterschiedlich, von fein bis grob, gemahlen. Das Wichtigste dabei ist das Vermahlen des eigentlichen Mehlkörpers, in dem die hervorragenden und bevorzugten Backeigenschaften in Form eines bestimmten Klebereiweißes enthalten sind. Dieser Kleber ist für die elastische Beschaffenheit und der guten Struktur der Backwerke zuständig. Dazu quellen zwei Arten von

Eiweiß, Gliadin und Glutelin, während des Backens auf und verbinden sich zu Kleber.
Der Mehltyp sagt dem Verbraucher, welche Form bzw. Grad die Ausmahlungen unterscheiden. Der Ausmahlungsgrad gibt an, wie viel Prozent vom tatsächlichen Getreide nach dem Mahlen noch verwendet werden. Also: Je höher der Ausmahlungsgrad, desto höher ist auch die Verwendung des ganzen Korns, von Keimling, Mehlkörper und Randschichten. Die auf den Packungen verzeichnete Typenzahl gibt den entsprechenden Ausmahlungsgrad, d.h. den mittleren Mineralstoffgehalt in Milligramm pro 100 Gramm Mehl an. Je niedriger die Typenzahl, umso niedriger ist der Ausmahlungsgrad. Je höher die Typenzahl, umso höher ist der Ausmahlungsgrad. Grundsätzlich gilt die Regel: Je hel-

ler das Mehl, umso weniger »gesunde Bestandteile« sind mit ausgemahlen. Je dunkler das Mehl, umso kräftiger, ballaststoff- und mineralstoffreicher wurde das Korn vermahlen. Wird überhaupt keine Typenzahl angegeben, so wurde das ganze Korn vermahlen, wie beispielsweise Vollkornmehl.

Typenbezeichnungen und Mehlsorten

Je nach Ausmahlungsgrad unterscheidet man entsprechend der verschiedenen Getreidearten folgende Mehlsorten. Die Typenbezeichnungen und Mehlsorten unterscheiden sich übrigens – nicht nur in Europa – von Land zu Land.

Weizenmehl:

Typ 405 ist eine helle Mehlsorte und entsprechend des niedrigen Ausmahlungsgrades sehr nährstoffarm. Es ist aber trotzdem die gängigste Mehlsorte, u. a. weil es sehr lange haltbar ist. Der Grund dafür ist, dass die fettreichen Bestandteile des Korns nicht mit vermahlen sind, welche nur eine beschränkte Haltbarkeit zulassen.
Type 550 hat einen höheren Anteil von Klebereiweiß und verfügt daher über bessere Backeigenschaften.
Das **Graumehl Type 1050** enthält den ganzen Mehlkörper und Schalenteile.
Type 1600 und 1700 enthalten den ganzen Mehlkörper und alle Schalenteile; der wertvolle Keim geht in die Tiernahrung.
Für Weizenmehl ohne Typenbezeichnung wird das ganze Korn inklusive des wertvollen Keimlings vermahlen.

Weizenschrot:

Wird von grob bis fein angeboten. Für die verwendeten Rezepte in diesem Buch wurde Weizenschrot **Type 1700** verwendet, denn es hat den höchsten Gehalt an Ballast- und Mineralstoffen.

Roggenmehl:
Es gibt dieses dunklere Mehl in fünf **Typen 815, 997, 1150, 1370 und 1740** zu kaufen. Die gängigste Sorte ist Type 1370, es ist gut ausgemahlen und eignet sich für Mischbrote.

Roggenschrot:
Für die Rezepte in diesem Buch wurde Roggenschrot **Type 1800** verwendet.

Dinkelmehl:
Dinkel ist eigentlich die Urform des Weizens – und wurde erst in den letzten zehn Jahren wieder so richtig entdeckt. Der Geschmack ist nussig, das Aroma angenehm und die Backeigenschaft ist aufgrund des hohen Kleberanteils als sehr gut einzustufen. Besonders »Vollwertköstler« haben Dinkel in Form von ganzen Körnern, Schrot und Mehl voll in ihre Küche integriert. Dinkelmehl ist vor allem in Naturkostläden und Reformhäusern zu beziehen, es stehen **Type 630, 812 und 1050** zur Auswahl.

Kamut:
Ist ein »Vorfahre« des Weizens, wurde lange nicht angebaut und erlebt nun eine Renaissance. Die »inneren« Werte sind beachtlich, wertvolle Fettsäuren, Kohlenhydrate, Eiweiß und Ballaststoffe. Die Backeigenschaften sind hervorragend – Kamut kann für alle Rezepte, die mit Dinkel- und Vollkornmehl gebacken werden, problemlos ausgetauscht werden.
Laut Untersuchungen der IFAA (International Food Allergy Association) vertragen fast 80 Prozent der Weizenallergiker erstaunlicherweise Kamut sehr gut. Vielleicht liegt es daran, dass Kamut im Gegensatz zu den meisten Getreidesorten nicht durch Züchtung verändert wurde. Fragen Sie in Ihren Biogeschäften genauer nach diesem »Ur-Weizen«.

Weitere Angaben zu den Backeigenschaften der verschiedenen Mehle finden Sie in der Tabelle auf den Seiten 16 und 17.

Die Getreidesorten und ihre Backeigenschaften

Getreideart	Backeigenschaften	Teiglockerung	Eigenschaften
Weizen	sehr gut	Hefe, Sauerteig, Backferment, Backpulver	das Weltgetreide und Brotgetreide schlechthin
Dinkel, ein Vorfahre des Weizens	gut	Hefe, Sauerteig, Backferment, Backpulver	geformtes Brot; läuft etwas breit
Grünkern, in der Milchreife geernteter und gedarrter Dinkel	mittel	Hefe, Sauerteig, Backferment	maximal 50 % Grünkernmehl in Verbindung mit Weizenmehl; aromatisch
Emmer, ein Zweikorn, gehört zur Weizengattung	mittel	Hefe, Sauerteig, Backferment	maximal 50 % Emmermehl in Verbindung mit Weizenmehl; süßlich-aromatisch
Roggen	sehr gut	Sauerteig, Backferment	für besonders herzhaftes Brot; gute Lagerfähigkeit
Hirse	schlecht	Hefe, Sauerteig, Backferment, Backpulver	maximal 33 % Hirsemehl in Verbindung mit Weizen- oder Dinkelmehl
Hafer	schlecht	Hefe, Sauerteig, Backferment, Backpulver	maximal 33 % Hafermehl in Verbindung mit mit Weizen-/Dinkelmehl; nussig

Getreideart	Backeigenschaften	Teiglockerung	Eigenschaften
Gerste	schlecht	Hefe, Sauerteig, Backferment, Backpulver	maximal 33 % Gerstenmehl in Verbindung mit Weizen- oder Dinkelmehl
Reis	schlecht	Hefe, Sauerteig, Backferment, Backpulver	maximal 33 % Reismehl in Verbindung mit Weizen- oder Dinkelmehl; knuspriges Gebäck
Mais	schlecht	Hefe, Sauerteig, Backferment, Backpulver	maximal 33 % Maismehl in Verbindung mit Weizen- oder Dinkelmehl; knuspriges Gebäck
Buchweizen (Knöterichgewächs)	schlecht	Hefe, Sauerteig, Backferment, Backpulver	maximal 33 % Buchweizen mehl in Verbindung mit Weizen- oder Dinkelmehl; intensiver Eigengeschmack
Quinoa (Gänsefußgewächs)	schlecht	Hefe, Sauerteig, Backferment, Backpulver	maximal 33 % Quinoamehl in Verbindung mit Weizen- oder Dinkelmehl
Amaranth (Fuchs schwanzgewächs)		Hefe, Sauerteig, Backferment, Backpulver	maximal 33 % Amaranthmehl in Verbindung mit Weizen- oder Dinkelmehl

Mit ganz wenigen Ausnahmen können Sie jedes Rezept sowohl im Backofen als auch im Brotbackautomaten zubereiten bzw. backen. Im Rezept finden Sie die Angaben zum Automaten immer unter der Zutatenliste.

Backen mit dem Brotbackautomaten

Mittlerweile gibt es von verschiedenen Firmen eine enorme Anzahl von Brotbackautomaten. Abgesehen von Preis, Design und Größe, hat sich die neue Generation der Automaten von früheren Kinderkrankheiten befreit. Die Maschinen sind auf alle Bedürfnisse der Verbraucher getestet und eingestellt worden, die Backergebnisse sind phänomenal, es können sogar damit Kuchen gebacken werden. Wir haben die Rezepte, die in diesem Buch für Brotbackautomaten empfohlen sind, in vier Brotbackautomaten der Firmen Unold und Panasonic gebacken. Dabei ist uns aufgefallen, dass die gewählte Firma nicht die Hauptsache ist, sondern der Anspruch an das jeweilige Gerät.

Die Qual der Wahl

Bevor Sie sich eine Brotbackmaschine kaufen, sollten Sie Ihre Anforderungen, auch Ihre Gewohnheiten bezüglich des zu kaufenden Gerätes genau einschätzen können bzw. wissen. Wie viele Personen leben im Haushalt, wie viel Brot wird gebraucht, wie viel Brotabwechslung ist gewünscht und vor allem, wie viele Funktionen soll die Maschine haben? All diese Fragen müssen gestellt werden, um nicht nach kurzer Zeit die Lust am eigenen Backen zu verlieren. Denn wenn Sie ab und an ein Brot im Backofen backen, ist der Ofen sowieso da. Anders bei der Maschine, sie kostet Geld und nimmt einiges an Platz in der Küche weg, denn sie sollte schon einen festen integrierten Standort haben.

Durchstarten mit der Maschine

Nehmen Sie sich bitte viel Zeit, um die Maschine vor dem Erstgebrauch kennen zu lernen. Jede Maschine unterscheidet sich im

Endeffekt doch von jeder anderen, auch firmenbezogen. Die Gebrauchsanweisung Schritt für Schritt durchgehen und erst loslegen, wenn Sie alles gelesen haben. Nur diese Zeitinvestition bringt Ihnen Backvergnügen pur. Bei unseren Angaben für die Brotbackautomaten-Rezepte haben wir die Reihenfolge der beigegebenen Zutaten, angefangen mit Hefe, durchgängig im Buch beibehalten. Bei Ihrer Maschine kann es aber durchaus sein, dass die Hefe erst am Schluss und das Wasser zuerst eingefüllt wird. Backprofis, die schon längere Zeit mit der Brotbackmaschine vertraut sind, werden dies auf den ersten Blick erkennen. Doch es ist wichtig, immer wieder innovative Backideen und Hinweise zu erhalten, um möglichst viel Abwechslung bei einem unserer Hauptnahrungsmittel zu bekommen.

Unsere Erfahrungen mit den Brotbackmaschinen

Warum wir so gerne mit Brotbackmaschinen arbeiten, hat einen simplen Grund: Der Teig wird selbstständig in der Maschine vermischt, geknetet und das alles bei der richtigen Temperatur, die zum Ruhen- und Gehenlassen nötig ist. Kein Zwischendurchkneten, kein erneutes Ruhenlassen, kein Einfüllen in die Form oder geformt auf das Blech, kein Nachgucken gar nichts davon. Einfach nur die Zutaten in die Backform geben, die Maschine programmieren und beim Piepton das fertige Brot herausnehmen. So macht Backen Spaß.

Funktionen und Programme

Beim verwendeten Modell 8641 Backmeister von der Firma Unold (siehe Buchumschlag) waren wir sehr zufrieden. Zwei Knethaken in der antihaftbeschichteten Backform kümmern sich liebevoll um den zu knetenden Teig, zehn gespeicherte Programme für

verschiedene Brotsorten, Kuchen und Teige stehen zur Auswahl. Der Inhalt beträgt 750 bis 1300 Gramm Brotgewicht.
Von der gleichen Firma testeten wir das Modell 8660 (siehe Foto unten), für Brote mit einem Gewicht von 1300 bis 1800 Gramm. Auch hier ist das Sichtfenster ideal, um das entstehende Brot zwischendurch zu begutachten. Das kleinere Modell 8610, für kleinere Brote mit 400 bis 500 Gramm Gewicht, ist ideal für kleine Haushalte, auch wenn es nur über vier gespeicherte Programme verfügt.

Von der Firma Panasonic hatten wir die Modelle SD 200 und SD 251 (siehe Foto rechts) zum Testen, die Wahl ist für unterschiedliche Brotgrößen von M, L bis XL. Bei allen Maschinen haben wir sehr gute Backergebnisse erzielt und empfehlen diese unseren Leserinnen und Lesern auch weiter.

Tipps & Tricks für den Brotbackautomaten

- Wir verwenden stets Trockenhefe im Brotbackautomaten, weil es einfach unkomplizierter für spontanes Backen ist.
- Fertiges Brot aus der Maschine möglichst sofort aus dem Behälter nehmen. Ansonsten zieht die Feuchtigkeit des warmen Brotes die krosse Kruste in Mitleidenschaft. Sie können stundenlang aus dem Haus gehen, während die Maschine läuft, aber wenn der Piepton ertönt, sollte das Brot unverzüglich auf einen Gitterrost gestürzt werden. So kann das Brot gut entlüften. Erst nach dem Abkühlen – etwa 15 Minuten warten – das Brot anschneiden.
- Oft bleibt der Knethaken im gestürzten Brot stecken. Diesen sofort herausnehmen und abwaschen, weil der getrocknete Brotteig darin immer schwerer zum Herauslösen geht. Aus Sicherheitsgründen den Haken unmittelbar nach der Säuberung wieder in die Form legen, das erspart unnötiges Suchen.
- Rezepte aus diesem Buch können auch individuell mit zusätzlichen Gewürzen, Samen, Nüssen und Kräutern abgewandelt werden. Trauen Sie sich zum Beispiel, eine kleine Hand voll Sechskornmischung in Ihren Brotteig hineinzustreuen.

- Lieber kleinere Brote backen und dafür öfter die Maschine in Bewegung setzen. Immer wieder frisches Brot zu haben und der Duft im ganzen Haus sind es allein schon wert.

Grundteige

Lockerungsmittel »Anstellgut«

100 g Roggenvollkornmehl
100 g Weizenvollkornmehl
250 ml lauwarmes Wasser
Nach Belieben: 1 Msp. gemahlener Kümmel

Tipp

Der Grundansatz muss unbedingt eine Temperatur von etwa 35 °C haben, damit sich Milchsäurebakterien bilden können. Dies zeigt sich u.a. durch die Bläschenbildung auf dem Brei. Steht der Grundansatz zu kalt, schlägt der Teig ins Gegenteil um, riecht stark nach scharfem Essig und ist nicht mehr verwendbar.

1. Beide Mehlsorten in einer Schüssel vermischen und nach Belieben Kümmel beimengen. Das lauwarme Wasser darüber gießen und alles mit einem Holzlöffel zu einem Brei rühren.
2. Die Schüssel mit einem Tuch abdecken und am besten neben dem Ofen einige Tage stehen lassen. Zwischendurch die Schüssel abdecken und die Mischung umrühren. Der Brei soll angenehm säuerlich riechen und Bläschen bilden.
3. Für die Brotherstellung von Sauerteigbroten können Sie jederzeit etwa 100 g, eine Portion, abnehmen und unter den zu mischenden Teig als Trieb- und Lockerungsmittel mischen.
4. Den Brei nach drei bis vier Tagen in einen Plastik- oder Glasbehälter füllen, luftdicht verschließen und bis zum Gebrauch in den Kühlschrank stellen. Bei kühler Temperatur hält sich der Brei etwa sechs Monate.

Varianten

Anstatt 100 g Roggenvollkornmehl und 100 g Weizenvollkornmehl, beliebig andere Mehlsorten vermischen: z.B. 100 g Dinkelvollkornmehl und 100 g Roggenvollkornmehl oder 100 g Dinkelvollkornmehl und 100 g Roggenschrot oder 50 g Roggenvollkornmehl, 50 g Dinkelvollkornmehl und 100 g Weizenschrot.

Sauerteigbrot im Peddigrohrkörbchen

1. Anstellgut, Roggenvollkornmehl sowie Wasser in einer Schüssel mit einem Holzlöffel verrühren. Die Schüssel mit einem feuchten Tuch abdecken und diesen Grundsauerteig einen Tag ruhen lassen.

2. Vom Grundsauerteig etwa 500 Gramm aus der Schüssel nehmen, in ein Glas füllen, luftdicht verschließen und im Kühlschrank für die nächsten Brote aufbewahren.

3. Den verbliebenen Grundsauerteig mit Roggenvollkornmehl, Kümmel, Salz und Wasser gründlich vermischen. Die Schüssel mit einem feuchten Tuch abdecken und diesen Teig nochmals für 2 Stunden ruhen lassen.

Den Brotteig auf einer bemehlten Arbeitsfläche kneten, zu einer Kugel formen, mit Mehl bestäuben und in das Peddigrohrkörbchen drücken. Nochmals 1 Stunde ruhen lassen.

Für den Grundsauerteig:
100 g Lockerungsmittcl
»Anstellgut«
500 g Roggenvollkornmehl
250 ml lauwarmes Wasser

Für die Brotfertigstellung:
500 g Roggenvollkornmehl
1 TL ganzer Kümmel
1 TL Salz
250 ml lauwarmes Wasser

Zum Bestäuben:
50 g Weizenvollkornmehl

Außerdem:
Mehl für die Arbeitsfläche
Butter für das Backblech

Tipp

Sie können einfach den ersten Teil des Rezeptes für die Herstellung von Sauerteig verwenden. Der Grundsauerteig reicht für drei Brote.

4. Den Backofen auf 240 °C (Umluft 220 °C, Gas Stufe 5) vorheizen und ein Backblech mit Butter einfetten. Den Brotlaib vom Peddigrohrkörbchen auf das Backblech stürzen. Dieses auf die mittlere Schiene in den vorgeheizten Backofen schieben und das Brot in etwa 1 Stunde 10 Minuten backen. Nach der Hälfte der Backzeit die Temperatur auf 200 °C (Umluft 180 °C) reduzieren.
Während des Backens eine Tasse Wasser auf die unterste Schiene im Backofen stellen.

Tipp
Für helle Brote einfach 100 g von diesem Sauerteig abnehmen. Menschen, die Probleme mit Hefe haben, können auf diese Variante zurückgreifen. Die Hefe ist durch das tagelange Ruhen »verträglicher« und somit magenfreundlicher geworden.

Variante: Sauerteigherstellung mit Hefe

150 g Weizenmehl
½ frischer Hefewürfel (ca. 20 g)
200 ml lauwarmes Wasser

1. Weizenmehl in eine Schüssel sieben, die Hefe einbröckeln und alles mit Wasser verrühren.
2. Die Schüssel mit einem feuchten Tuch abdecken und den Teigbrei bei warmer Temperatur etwa drei Tage stehen lassen.

Hefebrot – Vollkorn-Grundrezept

Für 1 Brotlaib von etwa 30 cm:

200 g Weizenvollkornmehl
200 g Dinkelvollkornmehl
½ frischer Hefewürfel (ca. 20 g)
1 TL Honig
250 ml lauwarmes Wasser
1 TL Meersalz
1 EL zimmerwarme Butter

Außerdem:

Mehl für die Arbeitsfläche
Butter für das Backblech

Brotbackautomat

Typ/Programm:
Vollwert/Brot; schnell

1. Beide Mehlsorten in einer Schüssel vermischen und in der Mitte eine Mulde formen. Die Hefe einbröckeln und mit Honig sowie mit Wasser verrühren. Die Schüssel mit einem Tuch abdecken und den Vorteig für 30 Minuten ruhen lassen.

2. Den Vorteig mit Salz und Butter zu einem geschmeidigen Teig kneten.

3. Den Teig 1 Stunde abgedeckt ruhen lassen. Auf einer bemehlten Arbeitsfläche einige Minuten knoton und zu einer Rolle von etwa 30 cm formen. Das Backblech mit Butter einfetten und die Teigrolle darauf legen; nochmals 15 Minuten ruhen lassen. Den Backofen auf 220 °C (200 °C Umluft, Gas Stufe 4) vorheizen. Die Teigrolle schräg mit einem Messer viermal einschneiden. Das Brot auf der mittleren Schiene in 45 bis 50 Minuten backen.

Tipp

Bei diesem Hefebrot können Sie auch den Sauerteigansatz mit Hefe (siehe S. 24) verwenden.

Wissenswertes Backlexikon

Abkühlen: Das fertige Brot aus dem Ofen nehmen und mindestens 20 Minuten auskühlen lassen. Beim Anschneiden des ofenfrischen Brotes ist der Teig noch zu warm und die Krume noch nicht richtig fest.

Backferment: Eine wesentlich mild säuerlichere Gärhilfe im Vergleich zu Sauerteig. Das Granulat macht das Brot lockerer, allerdings muss es mit langen Ruhephasen und viel Wärme gehegt und gepflegt werden.

Backpapier: Kann immer anstatt in den Rezepten angegebener Butter für das Backblech verwendet werden.

Backpulver: Wenn es schnell gehen soll, dann ist das Backen mit Backpulver empfehlenswert: Keine Ruhezeiten im Gegensatz zu Hefe- oder Sauerteigteigen. Backpulver ist eine Mischung aus chemischen Stoffen, Natron und Natriumphosphat. Für Phosphat-Allergiker gibt es phosphatfreies Weinsteinbackpulver aus dem Reformhaus.

Fette und Öle: Der Zusatz im Teig in Form von Butter und Olivenöl macht das Brot schmackhafter, lockert den Teig und ist ernährungsphysiologisch wertvoll.

Flüssigkeiten: Der Normalfall und damit der kalorienärmste Zusatz ist Wasser. Zur besonderen Geschmackgebung und besseren Lockerheit werden Milch, Quark, Buttermilch, Bier oder Olivenöl verwendet.

Gewürze: Geben Sie nach Belieben, Lust und Laune Gewürze an Ihre Brote. Es ist nicht nur geschmacklich zu empfehlen, sondern auch der Verdauung wegen. Die Auswahl ist groß: gemahlener Nelkenpfeffer (Piment), weißer, grüner, schwarzer oder roter Pfeffer, frischer oder gemahlener Ingwer, Kreuzkümmel (Kumin), Thymian, Rosmarin, Sternanis, Anis, Fenchel, Koriander, Kümmel, Dill, Fenchel etc.

Hefe: Dieser kleine Pilz braucht zum Wachstum bzw. zur Vermehrung Luft, Nährstoffe, Feuchtigkeit und eine optimale Temperatur von 22 bis 32 °C. Ab einer Temperatur von 45 °C stirbt der Hefepilz ab.

Sollten Sie zu viel frische Hefe eingekauft haben, so können Sie diese auch einfrieren. Zur Verwendung muss sie vollständig aufgetaut sein. Sie ist dann nicht mehr fest, sondern eher von flüssiger Konsistenz, was aber dem Backergebnis keinen Abbruch tut.

	Beim Vorteig kein Salz zur Hefe geben, denn dadurch wird das Wachstum gehemmt bzw. die Hefebakterien können abgetötet werden. Wie in den Rezepten beschrieben, immer erst nach der Vorgärung Salz als geschmackliche Komponente hinzufügen. Bei den Rezepten für die Brotbackmaschine verweisen wir immer wieder auf Trockenhefe, letztendlich nur, weil die Lagerung und die Verwendung wesentlich unkomplizierter ist. Sie können aber auch in der Brotbackmaschine jederzeit frische Hefe verwenden. Dazu einfach pro 500 g Mehl ½ frischen Hefewürfel (ca. 20 g) verwenden.
Nüsse und Samen:	Wir haben diesen schmackhaften Eiweißträgern und Kraftprotzern ein eigenes Kapitel gewidmet. Alle Möglichkeiten von Pinienkernen, Macadamia-Nüssen, Pecan-Nüssen, Kürbiskernen, Mandeln, Haselnüssen und viele mehr stehen Ihnen zur Auswahl.
Salz:	Wichtiger Geschmacksträger, hilft bei der Bildung der Brotkruste.
Sauerteig:	Dient als Lockerungsmittel für schwere Teige. Von vielen Brotessern bevorzugt, weil der fein säuerliche Geschmack nicht so heftig wie reiner Hefegeschmack ist. Sauerteig kann durch tagelang vergorene Hefe oder einfach durch Mehl und Wasser bei bestimmter Temperatur, bei der der Vergärungsvorgang durch Essig- und Milchsäurebakterien aus der Luft beschleunigt wird, hergestellt werden. Sie haben die Wahl, Sauerteig wie in den Einleitungsseiten beschrieben, selbst herzustellen oder auf Fertigprodukte aus Reformhäusern zurückzugreifen. Im frühen Judentum war Sauerteig das Symbol für Unreinheit und geistiges Verderbnis. Am »Fest der ungesäuerten Brote« wurden den Göttern ungesäuerte Opferbrote dargebracht.
Süße:	Die Gärung der Hefe für die zu backenden Brote in diesem Buch werden durch Zucker, Honig, Sirup oder Dicksaft bewirkt. Sie können bevorzugt nach Ihren Vorlieben austauschen. In den Rezepten ist meist Honig angegeben, als Alternativen schlagen wir oft verschiedene Zuckersorten, Birnen- oder Apfeldicksaft vor.
Temperatur der Zutaten:	Immer darauf achten, dass die Zutaten zimmerwarm (18 bis 24 °C) sind. Das heißt, dass z.B. Eier und Butter aus dem Kühlschrank das Backergebnis schmälern können.

Brote mit Nüssen und Samen

D

Doppelt gebackenes Brot mit Pinienkernen

(siehe Foto Seite 41, vorne)

1. Das trockene Brot in Stücke brechen und in eine Schüssel legen. Das Milchwasser aufkochen und darüber gießen; 1 Stunde quellen lassen. Zwischendurch rühren, damit es zu Brei wird.
2. Das Weizenvollkornmehl in eine Schüssel sieben und in der Mitte eine Vertiefung formen. Den Hefewürfel einbröckeln und mit Zucker sowie mit Wasser verrühren. Die Schüssel mit einem Tuch abdecken und den Vorteig 30 Minuten ruhen lassen.
3. Den Vorteig mit dem Brotbrei, der Butter, Meersalz und den Pinienkernen zu einem geschmeidigen Teig kneten. Den Teig abdecken und 1 Stunde ruhen lassen.
4. Den Teig auf einer bemehlten Arbeitsfläche einige Minuten kneten und zu einer Kugel formen. Diese flach drücken, bis der runde Fladen noch 3 bis 4 cm dick ist. Die Teigoberfläche mit wenig Wasser bestreichen, die linke Teighälfte zu drei Viertel über die rechte schlagen und leicht andrücken (wie bei einem Stollen). Das Brot mit Wasser bestreichen und mit Mehl bestäuben; nochmals 10 Minuten ruhen lassen.
5. Den Backofen auf 220 °C (Umluft 200 °C, Gas Stufe 4 ½) vorheizen und ein Backblech mit Butter einfetten.
6. Den Brotlaib auf das Backblech geben, auf die mittlere Schiene in den Backofen schieben und in 40 bis 45 Minuten backen.

Gesundheit

Die fettglänzenden, weißen Pinienkerne schmecken mandelig-süß und haben pro 100 g fast 400 kcal. Die gesundheitlichen Aspekte überzeugen, denn Pinienkerne sind reich an Magnesium, Kalium, Zink, Phosphor, Eisen, sehr viel Folsäure und Ballaststoffen.

Für 1 länglichen Laib:

250 g trockenes Brot
300 ml Milchwasser (halb Milch, halb Wasser)
250 g Weizenvollkornmehl
½ frischer Hefewürfel (ca. 20 g)
1 TL Zucker
100 ml lauwarmes Wasser
1 EL weiche Butter
½ TL Meersalz
100 g Pinienkerne

Außerdem:

Mehl für die Arbeitsfläche
Butter für das Backblech

Brotbackautomat

Typ/Programm:
Normal/Brot/Rosinen

Den erkalteten Brotbrei zu den anderen Zutaten in die Brotbackmaschine geben.

Kokosbrot mit Früchtetee

Für 1 Kastenform von 2 Liter Inhalt:

250 g Weizenvollkornmehl
250 g Weizenmehl
1 Päckchen Trockenhefe
1 EL brauner Zucker
200 ml starker, lauwarmer Früchtetee
100 g ungesüßte Kokosraspeln
150 g Kirschjoghurt
½ TL Salz

Außerdem:

Butter für die Form
Mehl für die Arbeitsfläche

Brotbackautomat

Typ/Programm: Normal/Brot

1. Die beiden Mehlsorten in einer Schüssel vermischen und in der Mitte eine Vertiefung formen. Die Hefe sowie den Zucker einrieseln und mit Früchtetee vermischen. Die Schüssel mit einem Tuch abdecken und den Vorteig 30 Minuten ruhen lassen.
2. Den Vorteig mit Kokosraspeln, Kirschjoghurt und Salz zu einem geschmeidigen Teig kneten. Den Teig abdecken und 1 Stunde ruhen lassen.
3. Den Backofen auf 200 °C (Umluft 180 °C, Gas Stufe 3–4) vorheizen und eine Kastenform mit Butter einfetten.
4. Den Teig auf einer bemehlten Fläche nochmals kneten und in die Form füllen; nochmals 10 Minuten gehen lassen.
5. Die Form auf die mittlere Schiene in den vorgeheizten Backofen schieben und das Kokosbrot in 45 bis 50 Minuten backen.

Variante

Nach Belieben anstelle des Früchtetees einfach die gleiche Menge Wasser verwenden. Oder auch den Kirschjoghurt mit Vollmilchjoghurt austauschen. Doch probieren Sie dieses Brot, es ist gesund und raffiniert im Geschmack.

Gesundheit

Nicht vor den Kalorien der Kokosnuss (100 g/360 kcal) zurückschrecken – Mandeln enthalten mehr. Das Fruchtfleisch der fast »kopfgroßen« Nuss schmeckt einzigartig und ist mit nichts zu vergleichen. Wenn Sie auf den Geschmack gekommen sind, einfach die Wahrheit sagen, dass Kokosnussfruchtfleisch ein extrem hoher Kalium- und Kalziumträger ist.

Mischbrötchen mit Macadamia-Nüssen

Gesundheit
Die cremeweißen Kügelchen aus Australien, die Macadamias, werden immer beliebter, auch weil im Preis erschwinglicher. Besonders für Menschen, die auf cholesterinfreie oder -arme Ernährung achten müssen, sind diese cholesterinfreien Nüsse als Snack sehr empfehlenswert.

Für 10 bis 12 Stück:

250 g Weizenvollkornmehl
250 g Weizenmehl
1 frischer Hefewürfel (42 g)
1 Prise Zucker
200 ml lauwarmes Wasser
100 ml lauwarme Milch
1 TL Meersalz
3 EL Nussöl (Macadamia, Walnuss)
150 g fein gehackte Macadamia-Nüsse

Außerdem:

Backpapier
Mehl für die Arbeitsfläche
1 Eigelb (Größe L)

1. Beide Mehlsorten in einer Schüssel vermischen und in der Mitte eine Vertiefung formen. Die Hefe einbröckeln, mit Zucker und Wasser verrühren. Die Schüssel mit einem Tuch abdecken und den Vorteig 30 Minuten ruhen lassen.
2. Den Vorteig mit Milch, Meersalz, Nussöl sowie den gehackten Nüssen zu einem geschmeidigen Teig kneten. Den Teig abdecken und 30 Minuten ruhen lassen.
3. Den Backofen auf 200 °C (Umluft 180 °C, Gas Stufe 3–4) vorheizen und ein Backblech mit Backpapier auslegen.
4. Den Teig auf einer bemehlten Arbeitsfläche kneten und in zehn bis zwölf Portionen teilen. Die Teigportionen zu Brötchen formen und auf die Backbleche legen; nochmals 30 Minuten gehen lassen.
5. Das Eigelb mit 2 Esslöffeln Wasser verquirlen und damit die Brötchen bestreichen. Das Backblech in den Backofen schieben und die Brötchen in 20 bis 25 Minuten backen.

Tipp

Im Handel werden fast ausschließlich nur geschälte Macadamia-Nüsse angeboten, da sie in der Schale schwer zu knacken sind. Nach Belieben einfach andere Nüsse, wie z.B. Mandeln, Pecan-Nüsse, Haselnüsse oder Pinienkerne, verwenden.

Für 1 Brotlaib:

250 g Weizenvollkornmehl
250 g Dinkelvollkornmehl
1 frischer Hefewürfel (42 g)
1 TL Honig
250 ml lauwarmes Wasser
1 Beutel flüssiger Natursauerteig (150 g)
1 EL Anissamen
1 TL zerstoßener Koriander
100 g Sonnenblumenkerne
1 TL Salz
1 EL Sonnenblumenöl

Außerdem:

Butter für das Backblech
Mehl für die Arbeitsfläche
1 Ei, getrennt (Größe M)

Brotbackautomat

Typ/Programm:
Vollwert/Brot

Sauerteig-Hausbrot mit Gewürzmischung (im Foto)

1. Die beiden Mehlsorten in einer Schüssel vermischen und in der Mitte eine Vertiefung formen. Die Hefe einbröckeln und mit Honig und Wasser verrühren. Die Schüssel mit einem Tuch abdecken und den Vorteig 30 Minuten ruhen lassen.
2. Den Beutel Natursauerteig in heißem Wasser kurz anwärmen. Anissamen, Koriander und die Sonnenblumenkerne in einer heißen, ungefetteten Pfanne einige Minuten leicht rösten, bis sie duften; herausnehmen und auf einen Teller legen.
3. Den Vorteig mit Natursauerteig, gerösteten Gewürzen, Salz und Sonnenblumenöl zu einem festen Teig kneten. Den Teig abdecken und 1 Stunde ruhen lassen.
4. Den Backofen auf 220 °C (Umluft 200 °C, Gas Stufe 4 ½) vorheizen und ein Backblech mit Butter einfetten.
5. Den Teig auf einer bemehlten Arbeitsfläche einige Minuten kneten und ein Viertel vom Teig abnehmen; den Rest zu einer Kugel formen. Das Teigviertel etwa 2 mm dick ausrollen und davon mit einem Glas möglichst viele Kreise ausstechen. Diese zu halben Kreisen schneiden und Blättchen für Blättchen zu Rosen formen und dabei mit Eiweiß bepinseln.
6. Die Teigkugel etwas flach drücken und auf das Backblech geben. Die Rosen auf dem Teiglaib verteilen, mit Eiweiß ankleben und dabei hübsch arrangieren. Alles sorgfältig andrücken und mit verquirltem Eigelb bepinseln.
7. Das Backblech auf die mittlere Schiene in den vorgeheizten Ofen schieben und das Brot in 55 bis 60 Minuten backen.

Gesundheit

Die Samenkörner und das Kraut eines, bis zu 60 cm hohen Doldengewächses, beheimatet in Vorderasien und angebaut in aller Welt, sind kulinarisch hoch interessant. Die Koriandersamen, die kugelartigen Früchte, mit ihrem intensiv riechenden und schmeckenden ätherischen Öl werden vor allem als Gewürzbeigabe zur Herstellung von Braten, Wurstwaren, Lebkuchen, aber auch in der pikanten Küche verwendet. Koriander ist das Grundgewürz von Curry-Gewürzmischungen und wirkt sehr appetitanregend und verdauungsfördernd. Das Korianderkraut oder -grün, auch chinesische Petersilie oder Cilantro genannt, gehört in der asiatischen und vor allem in der Tex-Mex-Küche zur Grundausstattung.

Für etwa 14 Teigringe:

250 g Weizenvollkornmehl
250 g Weizenmehl
1 frischer Hefewürfel (42 g)
1 Prise Zucker
300 ml lauwarmes Wasser
1 Ei (Größe M)
1 EL weiche Butter
100 g grob gehackte Sonnenblumenkerne

Außerdem:

Backpapier
Mehl für die Arbeitsfläche
2 Eigelbe (Größe M)

Brotbackautomat

Typ/Programm: Normal/Brot

Sonnenblumenbrot im Brotbackautomaten:

1 Päckchen Trockenhefe
1 TL brauner Zucker
250 g Weizenvollkornmehl
200 g Weizenmehl
1 TL Salz
1 EL Butter
50 g Sonnenblumenkerne
320 ml Wasser

Vollkornbagels mit Sonnenblumenkernen

Gesundheit
Sonnenblumenkerne, jene botanisch gesehen kleinen Nüsschen, bestehen aus 50 Prozent Öl, über 30 Prozent Eiweiß und viel Lecithin. 100 g Nüsschen enthalten über 580 kcal. Doch was ist das gegen die Aussicht auf wertvolle Ballast- und Mineralstoffe, die helfen, fit und aktiv dem Stresstag zu trotzen. Die Bagels sind ideal für die Pause im Büro!

1. Weizenvollkornmehl und Weizenmehl in einer Schüssel vermischen und in der Mitte eine Vertiefung formen. Die Hefe einbröckeln, den Zucker einrieseln und mit Wasser verrühren. Die Schüssel mit einem Tuch abdecken und den Vorteig 30 Minuten gehen lassen.
2. Den Vorteig mit den restlichen Zutaten zu einem geschmeidigen Teig kneten, abdecken und 1 Stunde ruhen lassen.
3. Den Backofen auf 200 °C (Umluft 180 °C, Gas Stufe 3–4) vorheizen und ein Backblech mit Backpapier auslegen.
4. Den Teig auf einer bemehlten Arbeitsfläche kneten und dann in etwa vierzehn Portionen teilen. Jede Teigportion zu einer Kugel formen und diese auf den Oberflächen leicht flach drücken. Mit einem Holzkochlöffel in jede Teigkugel ein Loch drücken und dieses mit kreisenden Bewegungen vergrößern.
5. Alle Bagels einzeln in kochend heißes Wasser legen und auf jeder Seite einige Sekunden ziehen lassen. Herausnehmen, gut abtropfen lassen und auf das Backblech legen.
6. Die Eigelbe mit 2 Esslöffeln Wasser verquirlen und die Bagels damit bestreichen.
7. Die Backzeit beträgt auf der mittleren Schiene des Backofens 20 bis 25 Minuten.

Dinkelvollkornbrot mit Erdnüssen

1. Das Dinkelvollkornmehl in eine Schüssel sieben und in der Mitte eine Vertiefung formen. Die Hefe einbröckeln und mit Honig sowie mit Milch verrühren. Die Schüssel mit einem Tuch abdecken und den Vorteig 30 Minuten ruhen lassen.
2. Den Vorteig mit Meersalz, Erdnusscreme und Erdnüssen zu einem geschmeidigen Teig kneten. Den Teig abdecken und 1 Stunde ruhen lassen.
3. Den Backofen auf 220 °C (Umluft 200 °C, Gas Stufe 4 ½) vorheizen und eine Form mit Butter einfetten.
4. Den Teig auf einer bemehlten Arbeitsfläche einige Minuten kneten und in die Form geben; nochmals 10 Minuten ruhen lassen.
5. Die Form auf die mittlere Schiene in den vorgeheizten Backofen schieben und das Erdnussbrot in 35 bis 40 Minuten backen.

Variante

Macadamia-Nussfans können die in Gläsern angebotene Macadamia-Nusscreme, anstatt Erdnusscreme verwenden.

Gesundheit
Erdnüsse sind Hülsenfrüchte und keine Nüsse. Zum Knabbern und als Topping auf Salaten sehr beliebt, aber zum Leidwesen aller schlagen 100 g mit über 570 kcal zu Buche. In Maßen gegessen ist die Erdnuss ein wertvoller Lieferant für Natrium, Kalium und das »Schönheits«-Vitamin E.

Für 1 Kastenform mit 2 Liter Inhalt:

400 g Dinkelvollkornmehl
½ frischer Hefewürfel (ca. 20 g)
1 TL Honig
250 ml lauwarme Milch
1 TL Meersalz
50 g Erdnusscreme
50 g gehackte, gesalzene Erdnüsse

Außerdem:

Butter für die Form
Mehl für die Arbeitsfläche

Brotbackautomat

Typ/Programm: Normal/Brot

1 Päckchen Trockenhefe
1 EL Zucker
250 g Weizenmehl
200 g Dinkelvollkornmehl
1 TL Salz
100 g Erdnusscreme
300 ml Wasser

Für 1 große Gugelhupfform:

100 g weiche Butter
150 g brauner Zucker
5 Eier, getrennt (Größe M)
450 g Dinkelvollkornmehl
2 Päckchen Backpulver
Saft und abgeriebene Schale von einer unbehandelten Zitrone
250 ml Milch
1 Msp. gemahlene Nelken
1 Msp. gemahlener Zimt
1 Prise gemahlener schwarzer Pfeffer
100 g gemahlene Haselnüsse
50 g Sultaninen
1 Prise Meersalz

Außerdem:

Butter und Dinkelvollkornmehl für die Backform

Brotbackautomat

Typ/Programm: Normal/Teig oder Normal/Rosinen

Teig in der Brotbackmaschine herstellen, herausnehmen und, wie im Rezept beschrieben, fertig backen.

Vollkorn-Gugelhupf mit Haselnüssen (im Foto)

1. In einer größeren Schüssel Butter, Zucker und Eigelbe luftig aufschlagen. Dinkelvollkornmehl, Backpulver, Zitronensaft und -schale, Milch, Gewürze sowie Haselnüsse und Sultaninen nach und nach unterrühren.
2. Den Backofen auf 200 °C (Umluft 180 °C, Gas Stufe 3–4) vorheizen, eine Gugelhupfform mit Butter ausfetten und mit Mehl ausklopfen.
3. Eiweiß mit Meersalz steif schlagen und sorgfältig unter den Teig ziehen. Den Teig in die Backform füllen und leicht glatt streichen.
4. Die Backform auf die mittlere Schiene in den vorgeheizten Backofen schieben und den Kuchen in etwa 1 Stunde 20 Minuten backen.

Gesundheit

Frisch geriebene Schale von Zitronen sollte unbedingt von unbehandelten Früchten stammen. In Deutschland muss ausgewiesen werden, wenn Zitronen chemisch behandelt worden sind. Die bekannteste verwendete Chemikalie ist TBZ (Thiabendazol). Aber auch unbehandelte Zitronen waschen und mit Küchenpapier trockenreiben. Die Zitronenschalen – die dünnschaligen sind übrigens die besten – enthalten das wertvolle ätherische Öl, zu 95 Prozent bestehend aus Terpenen. Zitronen sind wichtige Vitamin-C-Träger und enthalten viel Kalium sowie Folsäure.

Lowfat-Brot mit Kürbiskernen

Für 1 Kastenform mit 2 Liter Inhalt:

500 g Weizenmehl
1 Päckchen Trockenhefe
1 Prise Zucker
300 ml Wasser
1 EL Meersalz
100 g Kürbiskerne

Außerdem:

Butter für die Form
Mehl für die Arbeitsfläche

Brotbackautomat

Typ/Programm: Normal/Brot

1 Päckchen Trockenhefe
1 Prise Zucker
500 g Weizenmehl
50 g Kürbiskerne
1 EL Meersalz
380 ml Wasser

1. Das Weizenmehl in eine Schüssel sieben und in der Mitte eine Vertiefung formen. Die Hefe sowie den Zucker einrieseln und alles mit Wasser verrühren. Die Schüssel mit einem Tuch abdecken und den Vorteig 30 Minuten ruhen lassen.
2. Den Vorteig mit Meersalz und Kürbiskernen zu einem geschmeidigen Teig kneten. Den Teig abdecken und 1 Stunde ruhen lassen.
3. Den Backofen auf 220 °C (Umluft 200 °C, Gas Stufe 4½) vorheizen und eine Form mit Butter einfetten.
4. Den Teig auf einer bemehlten Arbeitsfläche kneten und in die Form geben.
5. Die Form auf die mittlere Schiene in den vorgeheizten Backofen schieben und das Brot in etwa 40 Minuten backen.

Tipp

Kaloriensparer können die Kürbiskerne weglassen, denn 100 g haben satte 560 kcal. Verwenden Sie als Würzmittel 1 Esslöffel Brotgewürz oder eine individuelle Zusammenstellung von einigen Messerspitzen Anis, Fenchel, Kardamom und Pfeffer.

Gesundheit

Kürbiskerne wirken entwässernd bzw. harntreibend. Als Energiespender sollte man immer eine kleine Hand voll in der Tasche haben, denn sie sind voll mit Magnesium, Eisen und viel »stressabbauendem, nervenberuhigendem« Vitamin B_1.

Haferflockenbrot mit Walnüssen

Gesundheit
Walnussbrot schmeckt fantastisch, ist nahrhaft bzw. eine gute Energiequelle. Perfekt wäre es, wenn Sie auf eine Scheibe Walnussbrot Quark streichen und viel frisch gehackten Schnittlauch streuen. Für Kinder ein ideales Pausenbrot.

1. Beide Mehlsorten in einer Schüssel vermischen und in der Mitte eine Vertiefung formen. Die Hefe einbröckeln und mit Honig sowie mit Wasser verrühren. Die Schüssel mit einem Tuch abdecken und den Vorteig 30 Minuten ruhen lassen.
2. Inzwischen die Haferflocken mit Milch begießen und quellen lassen.
3. Den Vorteig mit eingeweichten Haferflocken, Meersalz, Walnüssen und Walnussöl zu einem geschmeidigen Teig kneten. Den Teig abdecken und 1 Stunde ruhen lassen.
4. Den Backofen auf 220 °C (Umluft 200 °C, Gas Stufe 4 ½) vorheizen und ein Backblech mit Butter einfetten.
5. Den Teig auf einer bemehlten Arbeitsfläche einige Minuten kneten und zu einer Kugel formen. Mit etwas Wasser besprühen und mit den Haferflocken bestreuen; nochmals 10 Minuten gehen lassen.
6. Den Brotlaib auf das gefettete Backblech legen und auf die mittlere Schiene in den vorgeheizten Backofen schieben. Die Backzeit beträgt 45 bis 50 Minuten.

Für 1 runden Brotlaib:

250 g Weizenvollkornmehl
250 g Dinkelvollkornmehl
½ frischer Hefewürfel (ca. 20 g)
1 TL Honig
250 ml lauwarmes Wasser
100 g grobe Haferflocken
100 ml lauwarme Milch
1 TL Meersalz
100 g fein gehackte Walnüsse
2 EL Walnussöl

Außerdem:

Butter für das Backblech
Mehl für die Arbeitsfläche
50 g Haferflocken

Brotbackautomat

Typ/Programm: Normal/Brot

1 Päckchen Trockenhefe
1 EL Zucker
400 g Weizenmehl
100 g Haferflocken
1 TL Meersalz
1 EL Walnussöl
50 g fein gehackte Walnüsse
320 ml Wasser

Für 1 Springform von ca. 18 cm Durchmesser:

100 g trockenes Brot
200 g Sahne
3 Eier (Größe M)
100 g Honig
200 g gemahlene Mandeln
100 ml Apfel-/Birnensaft
abgeriebene Schale von einer unbehandelten Zitrone
1 Msp. gemahlener Zimt
3 Eiweiß (Größe M)
1 Päckchen Backpulver

Außerdem:

Butter für die Form
3 EL flüssiger Honig
5 EL Mandelblättchen

Brotbackautomat

Typ/Programm: Normal/Brot

1 Päckchen Trockenhefe
1 TL brauner Zucker
150 g Roggenmehl
300 g Weizenmehl
1 Päckchen Backpulver
1 TL Salz, 2 EL Butter
150 g Zitronenjoghurt
1 TL Zitronensaft
50 g gemahlene Mandeln
50 g gehackte Mandeln
200 ml Wasser

Mandel-Brotkuchen (im Foto hinten)

1. Das Brot auf einer Küchenreibe fein reiben und mit der Sahne begießen; etwa 1 Stunde quellen lassen.
2. Die Eier mit Honig luftig aufschlagen. Nach und nach gemahlene Mandeln, Apfel- oder Birnensaft, Zitronenschale, Zimt und den Brotbrei unterrühren.
3. Den Backofen auf 200 °C (Umluft 180 °C, Gas Stufe 3–4) vorheizen und eine Springform mit Butter einfetten.
4. Das Eiweiß mit dem Backpulver steif schlagen und sorgfältig unter den Teig ziehen. Den Teig in die Form füllen.
5. Die Springform auf die mittlere Schiene in den vorgeheizten Backofen schieben und den Mandel-Brotkuchen in etwa 50 Minuten backen.
6. Den fertigen Kuchen kurz abkühlen lassen und aus der Form nehmen. Den Kuchenrand mit Honig bepinseln und die Mandelblättchen darauf andrücken.

Gesundheit

Mandeln sind sehr nahrhaft, pro 100 g enthalten sie ca. 650 kcal. Doch das in den Mandeln enthaltene Fett besteht zu fast 90 Prozent aus ungesättigten Fettsäuren – also nur »gutem« Fett. Dazu reichlich Magnesium, Kalium, Zink, Phosphor, Vitamin B_2 und Kupfer. Essen Sie daher in Maßen Mandeln, wie z.B. in diesem Brot eingebacken, und Ihr Mineralstoffhaushalt wird es Ihnen danken.

Glutenfreies Haselnussbrot

Für 1 Kastenform von 2 Liter Inhalt:

2 EL Traubenzucker
½ frischer Hefewürfel (ca. 20 g)
450 ml lauwarmes Wasser
250 g Kartoffelstärke
150 g gemahlene Haselnüsse
12 Messlöffel Tartex Biobin
2 EL Sesamsamen
1 Päckchen Backpulver
1 Prise Salz

Außerdem:

Butter für die Form

Brotbackautomat

Typ/Programm: Normal/Brot

Beim Backen im Brotbackautomaten 350 ml Wasser anstatt 450 ml verwenden.

1. Den Traubenzucker mit Hefe und 50 ml Wasser verrühren; etwa 10 Minuten stehen lassen.
2. Inzwischen die Kartoffelstärke mit Haselnüssen, Tartex Biobin, Sesamsamen, Backpulver sowie mit Salz vermischen. Restliches Wasser und den verrührten Hefe-Zucker gut unterrühren.
3. Den Backofen auf 220 °C (Umluft 200 °C, Gas Stufe 4 ½) vorheizen und eine Kastenform mit Butter einfetten.
4. Eine Tasse Wasser auf die unterste Schiene und die Kastenform auf die mittlere Schiene in den vorgeheizten Backofen schieben. Die Backzeit beträgt etwa 1 Stunde.

Variante

Traubenzucker kann durch die gleiche Menge braunen Zucker und Haselnüsse durch Mandeln ersetzt werden.

Gesundheit

Zum Backen von glutenfreien Broten sollte man ausschließlich im Naturkostladen oder Reformhaus einkaufen. Nicht zuletzt auch, weil das Zusammensammeln der Zutaten in verschiedenen Geschäften keine Freude aufkommen lässt.
Tartex Biobin ist bei anderen glutenfreien Rezepten in diesem Buch besprochen, es handelt sich um ein pflanzliches Bindemittel. Da das Klebereiweiß von »gewöhnlichen Mehlen« fehlt, wird hier mit »Mutter Natur« in Form von Biobin gebunden. Aber auch für Nicht-Allergiker ist dieses Brot sehr empfehlenswert, ein völlig neuer Brotgenuss. Zudem enthält das Bindemittel viele Ballaststoffe und ist äußerst kalorienarm.

Grießbrot mit Sesamsamen

Gesundheit
Verwenden Sie immer »natives Olivenöl extra« oder »natives Olivenöl«. Diese Aufschrift gibt Ihnen die Gewähr, dass es sich um reines Olivenöl handelt. Steht auf der Flasche nur »Olivenöl«, so ist es ein Verschnitt mit raffinierten Industrieölen. Und denken Sie daran, dass kalt gepresstes Olivenöl ungeöffnet nur ca. ein Jahr haltbar ist. Dagegen sind industriell behandelte Öle etwa zwei Jahre haltbar.

1. Den Hartweizengrieß und das Weizenmehl in einer Schüssel vermischen und in der Mitte eine Vertiefung formen. Die Hefe einbröckeln, mit Zucker und Wasser verrühren. Die Schüssel mit einem Tuch abdecken und den Vorteig 30 Minuten ruhen lassen.
2. Den Vorteig mit Salz, Olivenöl und etwa 80 g Sesamsamen zu einem geschmeidigen Teig kneten. Den Teig abdecken und 1 Stunde ruhen lassen.
3. Den Backofen auf 220 °C (Umluft 200 °C, Gas Stufe 4 ½) vorheizen und ein Backblech mit Butter einfetten.
4. Den Teig auf einer bemehlten Arbeitsfläche kneten, zu einer Kugel formen und diese zu einem länglichen Streifen von etwa 20 cm ziehen. Die Oberfläche mit etwas Wasser bepinseln und die restlichen Sesamsamen darüber streuen. Auf das Backblech legen und nochmals 10 Minuten ruhen lassen.
5. Das Backblech auf die mittlere Schiene in den vorgeheizten Backofen schieben und in 25 bis 30 Minuten backen.

Für 1 längliches Brot:

250 g Hartweizengrieß
250 g Weizenmehl
1 frischer Hefewürfel (42 g)
1 TL Zucker
250 ml lauwarmes Wasser
1 EL Salz
2 EL Olivenöl
100 g Sesamsamen

Außerdem:

Butter für das Backblech
Mehl für die Arbeitsfläche

Brotbackautomat

Typ/Programm: Normal/Brot

320 ml anstatt 250 ml Wasser hinzufügen.

Brote aus vollwertigem Getreide

Dinkelvollkornbrot

Für 1 Kastenform von 2 Liter Inhalt:

250 g Dinkelvollkornmehl
100 g Dinkelgrieß
100 g Roggenmehl
1 frischer Hefewürfel (42 g)
1 TL Honig
5 EL lauwarmes Wasser
1 TL Meersalz
1 Msp. gemahlener Kreuzkümmel (Kumin)
350 g Buttermilch

Außerdem:

Butter für die Form
Mehl für die Arbeitsfläche

1. Dinkelvollkornmehl, Dinkelgrieß und Roggenmehl in einer Schüssel vermischen und in der Mitte eine Mulde formen. Die Hefe einbröseln und mit Honig sowie Wasser verrühren. Die Schüssel abdecken und den Vorteig an einem warmen Ort 20 Minuten gehen lassen.
2. Den Vorteig mit dem restlichen Mehl vom Rand, Salz, Kreuzkümmel und Buttermilch zu einem geschmeidigen, weichen Teig kneten; 1 Stunde ruhen lassen.
3. Den Backofen auf 180 °C (Umluft 160 °C, Gas Stufe 2 ½) vorheizen und eine Kastenform mit Butter ausfetten. Den Teig auf einer bemehlten Arbeitsfläche kneten und in die Form füllen.
4. Die Kastenform auf die mittlere Schiene in den Backofen stellen. Die Backzeit beträgt 50 Minuten. Das Brot aus der Form stürzen und nochmals für 10 Minuten in den Ofen legen.

Brotbackautomat

Typ/Programm: Mehrkorn

Zur Lockerung des Teiges ½ Päckchen Backpulver dazugeben.

Gesundheit

Dinkelgrieß ist dasselbe wie Dinkelschrot. Dazu werden Dinkelkörner grob geschrotet. Dinkel ist ob seiner Backeigenschaften, dem guten Klebereiweiß, beim Brotbacken immer zu bevorzugen. Dazu kommt der leicht nussige Geschmack des Dinkels, der Ihr selbst gebackenes Brot zu einem vollwertigen Ergebnis macht.

Die Brote aus vollwertigem Getreide sind ideal für Diabetiker. Sie versorgen den Körper nicht nur mit wichtigen Ballaststoffen, Mineralien und Vitaminen. Vollkornbrot sättigt besser als Weißbrot und lässt den Blutzucker langsamer steigen. Je gröber das Vollkornbrot, desto besser.

Weizenbrot mit Weizenkörnern (siehe Foto Seite 49, rechts)

Für 1 Kastenform von 2 Liter Inhalt:

50 g Weizenkörner
450 ml Wasser
500 g Weizenvollkornmehl
½ frischer Hefewürfel
(ca. 20 g)
1 TL Honig
1 TL Meersalz
250 ml Wasser
50 g Weizenschrot

Außerdem:

Mehl für die Arbeitsfläche
Butter für die Form

Brotbackautomat

Brot/Teigtyp: Vollkorn

Im Automaten mehr Wasser (330 ml) verwenden. Den abgetropften Weizenschrot einfach untermischen. Anstatt frischer Hefe 1 Päckchen Trockenhefe verwenden und darauf achten, dass die Hefe zuerst und das Meersalz zuletzt in den Brotbackautomaten gehäuft wird – oder umgekehrt, je nach Hinweis des jeweiligen Brotbackautomaten-Herstellers.

Gesundheit
Die Weizenkörner helfen der Verdauung und mit dem gemahlenen sowie dem geschrotenen Weizenkorn geben sie viele wertvolle B-Vitamine ab, die zur Nervenstärkung und -beruhigung helfen. Ein vollwertiger Gesamtgeschmack mit natürlichem Honig und Meersalz mit viel Jod.

1. Die Weizenkörner in einer Schüssel mit 200 ml Wasser verrühren und über Nacht einweichen lassen.
2. Das Weizenvollkornmehl in eine Schüssel sieben und in der Mitte eine Vertiefung formen. Die Hefe zerbröseln und mit Honig sowie mit 250 ml Wasser verquirlen. In die Mehlmulde gießen, mit Mehl vom Rand bestäuben und 30 Minuten gehen lassen.
3. Die Weizenkörner in ein Sieb gießen und abtropfen lassen. Den Vorteig mit dem restlichen Mehl vom Rand, Meersalz und Wasser zu einem geschmeidigen Teig kneten. Dann den Teigkloß auf einer bemehlten Arbeitsfläche etwa 5 Minuten weiterkneten, dabei die Weizenkörner einarbeiten. Den Teig mit einem Tuch abdecken und für 30 Minuten gehen lassen.
4. Den Backofen auf 240 °C (Umluft 220 °C, Gas Stufe 5) vorheizen und eine Kastenform mit Butter ausfetten. Den Teig nochmals durchkneten und zu einer Rolle formen. Diese in Weizenschrot rollen und in die Kastenform einpassen. Noch einmal 15 Minuten gehen lassen.
5. Die Kastenform auf die mittlere Schiene in den Backofen stellen und das Weizenbrot 20 Minuten backen, dann die Temperatur auf 200 °C (Umluft 180 °C) reduzieren und das Brot weitere 20 Minuten backen.
6. Das Brot aus der Form stürzen und nochmals für 10 Minuten in den eingeschalteten Backofen legen. Gut abgekühlt anschneiden.

Haferschrotbrot (siehe Foto Seite 49, hinten)

1. 150 g Haferschrot in eine Schüssel streuen, mit 150 ml Wasser begießen und 2 Stunden quellen lassen.
2. Das Weizenvollkornmehl in eine Schüssel sieben und in der Mitte eine Mulde formen. Die Hefe einbröckeln und mit Honig sowie mit 100 ml Wasser verrühren. Mit Mehl vom Rand bestäuben, die Schüssel mit einem Tuch abdecken und den Vorteig 20 Minuten ruhen lassen.
3. Den Vorteig mit dem restlichen Mehl vom Rand, 200 ml Wasser, dem eingeweichten Haferschrot sowie dem Meersalz zu einem glatten Teig kneten. Abdecken und 1 Stunde gehen lassen.
4. Den Backofen auf 240 °C (Umluft 220 ° C, Gas Stufe 5) vorheizen und eine Kastenform mit Butter ausfetten.
5. Den Teig auf einer bemehlten Arbeitsfläche einige Minuten kneten und zu einer Rolle formen. Diese in 50 g Haferschrot drehen, in die Kastenform einpassen und nochmals 20 Minuten gehen lassen.
6. Die Kastenform auf die mittlere Schiene des vorgeheizten Backofens stellen und das Brot 20 Minuten backen. Dann die Hitze auf 180 °C (Umluft 160 °C, Gas Stufe 2 ½) reduzieren und das Brot weitere 40 Minuten backen. Aus der Kastenform stürzen und erst gut abgekühlt anschneiden.

Gesundheit

Hafer ist ein Kraftpaket mit vielen ungesättigten Fettsäuren, wichtig für eine cholesterinarme Ernährung. Der Anteil an Mineralstoffen, Vitamin B_1 und vor allem an Vitamin K ist hervorzuheben. Letzteres ist zusammen mit Vitamin D für den Aufbau und die Erhaltung der Knochen zuständig, gilt aber auch als das »Blutungen stoppende Vitamin«. Besonders zu empfehlen für Sportler und fitnessaktive Menschen.

Für 1 Kastenform von 2 Liter Inhalt:

200 g Haferschrot
450 ml lauwarmes Wasser
500 g Weizenvollkornmehl
½ frischer Hefewürfel (ca. 20 g)
1 EL Honig
knapp 1 EL Meersalz

Außerdem:

Butter für die Form
Mehl für die Arbeitsfläche

Brotbackautomat

Brot/Teigtyp: Vollkorn

Eingeweichten Haferschrot, wie im Rezept beschrieben, herstellen und alle angegebenen Zutaten mit 250 ml Wasser (anstatt 300 ml) und Trockenhefe in den Brotbackautomaten geben.

Für 1 Kastenform von 2 Liter Inhalt:

50 g Hirsekörner
450 ml lauwarmes Wasser
400 g Weizenvollkornmehl
100 g Hirsemehl
½ frischer Hefewürfel (ca. 20 g)
1 EL Honig
1 TL Meersalz
1 Msp. gemahlenes Kurkuma (Gelbwurz)

Außerdem:

Butter für die Form
Mehl für die Arbeitsfläche

Brotbackautomat

Brot/Teigtyp: Vollkorn

Hirsekörner mit Einweichwasser verwenden. Dafür nur 200 ml Wasser (anstatt 350 ml) nehmen und anstatt frischer Hefe Trockenhefe bevorzugen.

Weizenvollkornbrot mit Hirse (im Foto, vorne)

1. Die Hirsekörner in eine Schüssel geben, mit 100 ml lauwarmem Wasser begießen und über Nacht einweichen.
2. Weizenvollkornmehl und Hirsemehl in einer Schüssel versieben und in der Mitte eine Mulde formen. Den Hefewürfel mit Honig und 350 ml Wasser verrühren und eingießen. Mit etwas Mehl vom Rand bestäuben, die Schüssel mit einem Tuch abdecken und den Vorteig 20 Minuten ruhen lassen.
3. Den Vorteig mit dem restlichen Mehl vom Rand, Meersalz und Kurkuma zu einem geschmeidigen Teig kneten. Die Hirsekörner in ein Sieb gießen, abtropfen lassen und unter den Teig kneten. Abdecken und für 1 Stunde ruhen lassen.
4. Den Backofen auf 240°C (Umluft 220°C, Gas Stufe 5) vorheizen und eine Kastenform mit Butter ausfetten.
5. Den Teig auf einer bemehlten Arbeitsfläche einige Minuten kneten, zu einer Rolle formen und in die Form einpassen; nochmals 20 Minuten ruhen lassen.
6. Die Form auf die mittlere Schiene des Backofens stellen und das Brot 10 Minuten backen. Dann die Hitze auf 200°C reduzieren und das Brot in 40 Minuten fertig backen. Aus der Form stürzen und erst nach dem Abkühlen anschneiden.

Gesundheit

Hirsemehl ist ideal für Personen mit Eiweiß-Verdauungsstörungen (Zöliakie/Sprue), weil es kein Gluten (Klebereiweiß) enthält. Es eignet sich hervorragend zum Backen von Fladenbroten. Allerdings sind bei dieser Brotmischung mit Weizenvollkornmehl Gluten enthalten – das Ergebnis ist ein saftiges, kompaktes, wohlschmeckendes Brot mit hohem Vitaminanteil für Leib und Seele. Vollkornbrote sind unsere wichtigste Vitamin-B_1-Quelle, das Vitamin wirkt nervenberuhigend und stressabbauend.

Weizenvollkornbrot mit Weizenschrot (siehe Foto Seite 53)

Für 1 Brotlaib:

250 g Weizenvollkornmehl
250 g Weizenvollkornschrot
1 frischer Hefewürfel (42 g)
1 TL Honig
50 ml lauwarmes Wasser
1 Beutel flüssiger Natursauerteig (150 g)
200 ml Milch
2 EL Sonnenblumenöl
1 EL Meersalz
1 TL gemahlener Koriander
1 TL Kardamom

Außerdem:

Mehl für die Arbeitsfläche
Backpapier
50 g Weizenvollkornmehl

Brotbackautomat

Brot/Teigtyp: Vollkorn

1 Päckchen Trockenhefe
1 TL Zucker
450 g Weizenvollkornmehl
50 g eingeweichter Weizenschrot (mit 50 ml Wasser)
1 TL Salz
1 EL Sonnenblumenöl
320 ml Wasser

1. Weizenvollkornmehl und Weizenvollkornschrot in einer Schüssel vermischen und in der Mitte eine Mulde formen. Hefe einbröckeln, Honig und Wasser dazurühren. Mit etwas Mehl vom Rand bestäuben und 20 Minuten ruhen lassen.
2. Den Vorteig zusammen mit dem Sauerteig, der Milch, dem Sonnenblumenöl, Salz, Koriander und Kardamom zu einem glatten Teig kneten. Zu einem Kloß formen, mit Mehl bestäuben und in einer Schüssel, abgedeckt mit einem feuchten Tuch, 1 Stunde ruhen lassen.
3. Dann den Teig auf einer bemehlten Arbeitsfläche kneten, in zwei Portionen teilen und zu runden Broten formen. Auf ein mit Backpapier ausgelegtes Backblech legen, mit Wasser besprühen und mit Mehl bestäuben. Nochmals 1 Stunde ruhen lassen.
4. Den Backofen auf 240 °C (Umluft 220 °C, Gas Stufe 5) vorheizen. Das Backblech in den Ofen auf die mittlere Schiene schieben und die Brote 10 Minuten backen. Die Hitze auf 220°C reduzieren und weitere 50 Minuten backen. Gut abkühlen lassen und erst dann anschneiden.

Gesundheit

Alleine das Herstellen des Brotes – das Rühren, das Kneten, das Ruhen, das Gehenlassen, das Beobachten, das Formen, das Duften, die Vorfreude, das Backen –, alle diese ruhigen Schritte sind Therapie genug für Stressabbau und helfen zur Ruhe zu kommen, nachzudenken, in sich zu gehen, zu entspannen und Gesundheit zu genießen. Volles Korn, gewürzt mit Koriander, der für gute Verdauung zuständig ist, und mit Kardamom, dem Heilkräfte gegen Zahnschmerzen und Mundgeruch zugesprochen werden.

Würziges Knäckebrot (siehe Foto Seite 53)

Gesundheit
Ein kalorienarmes Brot mit sehr gutem Biss, das sich für zwischendurch als Snack oder »für den kleinen Hunger« gut eignet. In dem Vollkorn-Knäckebrot ist das volle Korn eingebacken. Weizenvollkornmehl ist deshalb so wertvoll, weil dazu die Weizenkörner inklusive den Randschichten, in dem die wertvollen Mineralstoffe erhalten bleiben, dem fetten Keimling sowie den unverdaulichen Zellulosebestandteilen grob zermahlen werden. Natur pur genießen!

1. Die beiden Mehlsorten in einer Schüssel miteinander versieben. Die restlichen Zutaten hinzufügen und alles zu einem glatten Teig kneten. Die Schüssel mit einem feuchten Tuch abdecken und den Teig 20 Minuten ruhen lassen.
2. Den Backofen auf 180 °C (Umluft 160 °C, Gas Stufe 2 ½) vorheizen und ein Backblech mit Butter ausstreichen.
3. Den Teig auf einer bemehlten Arbeitsfläche etwa 2 mm dick auswellen und mit einem Teigrädchen Rechtecke von ca. 6 x 11 cm schneiden. Diese auf das Backblech legen und jedes Teigplättchen mit einer Gabel mehrmals einstechen; alles mit etwas Dinkelmehl bestäuben.
4. Das Backblech auf die mittlere Schiene in den vorgeheizten Ofen schieben und die Knäckebrote in 35 bis 40 Minuten backen. Die gebackenen Knäckebrotscheiben auskühlen lassen und in einer Dose aufbewahren.

Für 16–20 Scheiben:
150 g Dinkelvollkornmehl
100 g Weizenvollkornmehl
50 g Sesam- oder Mohnsamen
½ Päckchen Backpulver
½ TL Meersalz
1 EL weiche Butter
200 ml lauwarmes Wasser

Außerdem:
Butter für das Backblech
Mehl für die Arbeitsfläche
Dinkelmehl zum Bestäuben

Brotbackautomat
Typ/Programm: Teig

Teig im Brotbackautomaten herstellen, gebacken wird er im Backofen – wie oben im Rezept beschrieben.

Für 1 Brotlaib:
200 g Weizenvollkornmehl
200 g Dinkelvollkornmehl
½ frischer Hefewürfel (ca. 20 g)
1 TL Honig
250 ml lauwarmes Wasser
1 TL Meersalz
2 EL Sonnenblumenöl
100 g Sonnenblumenkerne

Außerdem:
Butter für das Backblech
Mehl für die Arbeitsfläche
50 g Sonnenblumenkerne

Brotbackautomat

Typ/Programm: Mehrkorn/Brot

Anstatt frischer Hefe 1 Päckchen Trockenhefe verwenden und nur 50 g Sonnenblumenkerne beimischen.

Sonnenblumenbrot mit Kernen (im Foto, hinten)

1. Beide Mehlsorten in einer Schüssel versieben und in der Mitte eine Vertiefung formen. Die Hefe zerbröseln und mit Honig sowie mit Wasser in der Mehlvertiefung verrühren. Mit Mehl vom Rand bestäuben, die Schüssel mit einem Tuch abdecken und den Vorteig 20 Minuten ruhen lassen.
2. Den Vorteig mit Meersalz, Sonnenblumenöl und Sonnenblumenkernen zu einem glatten Teig verarbeiten. Den Teig zu einem Kloß formen, abdecken und für 1 Stunde gehen lassen.
3. Den Backofen auf 240 °C (Umluft 220 °C, Gas Stufe 5) vorheizen und ein Backblech mit Butter einfetten.
4. Den Teig auf einer bemehlten Arbeitsfläche 5 Minuten kräftig kneten und dann eine kleine Teigportion abnehmen; beiseite legen. Die große Teigportion zu einer Kugel formen, auf das Backblech legen, etwas flacher drücken und in der Mitte eine Vertiefung drücken. Das zurückbehaltene Teigstück zu einer Kugel formen, kurz in kaltes Wasser tauchen und in die Vertiefung drücken. Den Brotlaib mit Wasser besprühen und die Sonnenblumenkerne darüber streuen und leicht andrücken. Das Brot nochmals 15 Minuten gehen lassen.
5. Das Backblech auf die mittlere Schiene in den vorgeheizten Ofen schieben und das Brot 10 Minuten backen lassen. Die Hitze auf 180 °C reduzieren und weitere 40 Minuten backen.

Gesundheit

Die im Brot enthaltenen Sonnenblumenkerne werden aufgrund ihres hohen Kaliumgehalts bei hohem Blutdruck empfohlen, denn sie wirken harntreibend und helfen so bei der Ausscheidung von Natrium. Außerdem sind sie wertvolle Lieferanten von Vitamin B_1, B_2 und B_6, Folsäure, Magnesium, Pantothensäure, Kupfer, Zink, Eisen, Kalzium und Nikotinsäure.

Für 1 Brotlaib:

250 g Roggenvollkornmehl
250 g Weizenvollkornmehl
1 Päckchen Trockenhefe
350 ml lauwarmes Wasser
1 Beutel flüssiger Natursauerteig (150 g)
1 ½ TL Meersalz

Außerdem:

Mehl für die Arbeitsfläche und zum Bestäuben
Butter für das Backblech
50 g Roggenvollkornschrot

Brotbackautomat

Typ/Programm: Vollwert

Roggenvollkornschrot zusammen mit 1 EL Pflanzenöl extra in die Brotbackmaschine geben.

Roggenmischbrot

1. Die beiden Mehlsorten in einer Schüssel vermischen und in der Mitte eine Mulde formen. Die Hefe einrieseln und mit Honig sowie Wasser verrühren. Die Schüssel mit einem Tuch abdecken und den Vorteig 20 Minuten ruhen lassen.
2. Den Vorteig mit Natursauerteig und Meersalz mindestens 10 Minuten zu einem Teig kneten. Zu einem Kloß formen, mit Mehl bestäuben, mit einem Tuch abdecken und 1 Stunde ruhen lassen.
3. Den Teig auf einer bemehlten Arbeitsfläche kneten und zu einem runden Brot formen. Auf das mit Butter gefettete Backblech geben und nochmals 20 Minuten zugedeckt ruhen lassen.
4. Den Backofen auf 240 °C (Umluft 220 °C, Gas Stufe 5) vorheizen. Den Brotlaib auf der Oberfläche sternförmig einschneiden, mit Wasser besprühen und mit Roggenvollkornschrot bestreuen. Das Backblech auf die mittlere Schiene in den vorgeheizten Backofen schieben und das Brot insgesamt etwa 50 Minuten backen. Nach den ersten 10 Minuten die Hitze auf 220 °C reduzieren.

Gesundheit

Roggenvollkornmehl wird fast ausschließlich zum Backen verwendet. Allerdings ist das enthaltene Klebereiweiß (Gluten) nicht so elastisch wie beim Weizenmehl. Das heißt, dass der Teig nicht so gut aufgeht und das Brot fester wird. Doch Roggenmehl ist von seinen Bestandteilen her sehr gesund, der Anteil an Keimen und Kleie ist sehr hoch, sodass viele wichtige Nährstoffe erhalten bleiben. Oft wird Roggenmehl auch mit anderen Mehlsorten, häufig mit Weizenmehl vermischt, um das Brot heller und elastischer zu halten.

Buchweizenbrot mit Maismehl

Gesundheit
Buchweizen ist kein Getreide, sondern gehört zu den Knöterichgewächsen, wie z. B. auch Rhabarber und Sauerampfer. Die größten Produzenten sind Polen und Russland. Das russische Nationalgericht »Kasha«, aus geschrotenem oder ganzem gerösteten Buchweizen hergestellt, wird wie Kartoffeln als Beilage serviert.
Buchweizen ist reich an Magnesium, Zink, Kalium, Vitamin B_1 und B_6, Kalzium, Eisen, Nikotinsäure und Phosphor. Was interessant ist: Buchweizen enthält etwa 5 Prozent Rutin – ein Wirkstoff, der bei der Behandlung von Erfrierungen und Blutungen eingesetzt wird.

Für 1 Kastenform von 2 Liter Inhalt:

250 g Buchweizenvollmehl
250 g Maismehl
1 frischer Hefewürfel (42 g)
2 EL Birnendicksaft
50 ml lauwarmes Wasser
250 ml Milch
1 Ei (Größe M)
2 EL weiche Butter
1 TL Salz

Außerdem:

Butter für die Form

Brotbackautomat

Typ/Programm: Normal/Brot

Anstatt frischer Hefe Trockenhefe verwenden. 50 ml Wasser und 250 ml Milch durch 100 g Quark und 200 ml Wasser ersetzen.

1. Beide Mehlsorten in einer Schüssel vermischen und in der Mitte eine Vertiefung formen. Die Hefe einbröseln und mit Birnendicksaft sowie mit Wasser verrühren. Den Vorteig mit einem Tuch abdecken und an einem warmen Ort 20 Minuten gehen lassen.
2. Den Vorteig mit Milch, Ei, Butter und Salz zu einem geschmeidigen, weichen Teig verarbeiten. Nochmals abgedeckt 1 Stunde ruhen lassen.
3. Den Backofen auf 240 °C (Umluft 220 °C, Gas Stufe 5) vorheizen und eine Kastenform mit Butter ausfetten. Den Teig einige Minuten kneten, in die Form füllen und auf die mittlere Schiene in den vorgeheizten Backofen stellen. Die Backzeit beträgt insgesamt 40 bis 45 Minuten, wobei nach 10 Minuten Backzeit die Hitze auf 220 °C reduziert wird.

Tipp

Buchweizenmehl wird nicht so schnell ranzig, wenn Sie es luftdicht verpackt im Kühlschrank lagern.

Für 1 längliches Peddigrohrkörbchen:

700 g Weizenvollkornmehl
750 ml warmes Wasser
4 g Sekowa-Backferment
10 g Backferment-Grundansatz
100 g Hirsevollkornmehl
100 g Gerstenvollkornmehl
3 TL Meersalz

Außerdem:

Mehl für die Arbeitsfläche
Butter für das Backblech
Mehl zum Bestäuben

Brotbackautomat

Typ/Programm:
Mehrkorn/Brot

350 g Weizenvollkornmehl
50 g Hirsevollkornmehl
50 g Gerstenvollkornmehl
½ Päckchen Trockenhefe
4 g Sekova-Backferment
(oder ½ Beutel flüssiger Sauerteig)
1 TL Meersalz
300 ml lauwarmes Wasser

Dreikorn-Brot (im Foto)

1. In einer Schüssel 400 g Weizenvollkornmehl mit 400 ml Wasser, Backferment und -Grundansatz verrühren. Mit einem feuchten Tuch abdecken und 14 bis 16 Stunden an einem warmen Ort stehen lassen.
2. Diesen Vorteig mit dem restlichen Weizenvollkornmehl, Hirsevollkornmehl, Gerstenvollkornmehl, Meersalz und 300 ml Wasser in etwa 10 Minuten zu einem geschmeidigen Teig kneten. Die Schüssel wiederum abdecken und den Teig an einem warmen Ort 1 Stunde gehen lassen.
3. Den Teig auf einer bemehlten Fläche kneten, zu einer Rolle formen und in ein Peddigrohrkörbchen legen. Nochmals 1 Stunde gehen lassen.
4. Den Backofen auf 220 °C (Umluft 200 °C, Gas Stufe 4½) vorheizen und ein Backblech mit Butter einfetten.
5. Den Brotlaib auf das Backblech stürzen, mit Mehl bestäuben und im vorgeheizten Backofen in 55 bis 60 Minuten backen.

Gesundheit

Bei diesem köstlichen Rezept muss man einfach Handarbeit vorziehen, der Brotbackautomat kann dieses rein optische Vergnügen und das »krustige Brotgefühl« gar nicht in der Form wiedergeben. Machen Sie sich die Arbeit mit dem Grundansatz des Backferments, einer Gärhilfe wie Sauerteig. Es säuert den Teig und macht das Brot schön locker. Das beigegebene Salz verbessert den Geschmack und verstärkt die Krume des Brotes.

Weizenvollkornbrot mit Leinsamen

Für 1 Kastenform mit 2 Liter Inhalt:

450 g Weizenvollkornmehl
50 g Leinsamen
1 frischer Hefewürfel (42 g)
1 TL Zucker
250 ml lauwarmes Wasser
1 EL Distelöl
1 EL gemahlene Brotgewürzmischung
1 TL Meersalz

Außerdem:

Butter für die Form

Brotbackautomat

Typ/Programm:
Vollwert/Brot

320 ml Wasser anstatt 250 ml zum Teig geben.

Gesundheit

Aus den Stängeln von Lein oder Flachs (Linum usitatissimum) werden Fasern, aus dem Samen Öl gewonnen. Die Samen enthalten etwa 38 bis 44 Prozent Öl. Diese wertvollen, mehrfach ungesättigten Fettsäuren haben Leinsamen zu dem Synonym für »Verdauungshilfe« verholfen. Wichtig: Zur vollen Wirkung der Schleimstoffe im Samen muss sehr viel dazu getrunken werden, damit die Körner im Magen aufquellen. Doch Vorsicht, Leinsamen hat pro 100 g etwa 400 kcal, bitte nur teelöffelweise mit sehr viel Flüssigkeit verzehren.

1. Das Weizenvollkornmehl mit dem Leinsamen in einer Schüssel vermischen. In der Mitte eine Mulde formen, den Hefewürfel einbröseln und mit Zucker sowie mit Wasser verrühren. Den Vorteig mit einem Tuch abdecken und an einem warmen Ort 20 Minuten gehen lassen.
2. Den Vorteig mit restlichem Mehl vom Rand, Distelöl, Brotgewürzmischung sowie dem Meersalz zu einem Teig kneten. Nochmals abdecken und 1 Stunde ruhen lassen.
3. Den Backofen auf 240 °C (Umluft 220 °C, Gas Stufe 5) vorheizen und eine Kastenform mit Butter einfetten. Den Teig nochmals kneten und in die Kastenform füllen. Die Form in den vorgeheizten Backofen schieben und das Brot insgesamt etwa 50 Minuten backen. Nach den ersten 10 Backminuten die Hitze auf 220 °C reduzieren.

Tipp

Brot vom Vortag in Scheiben schneiden, mit Butter bestreichen und mit Salz, Pfeffer und Paprika bestreuen. Im Ofen 5 Minuten grillen. Schmeckt zu Salaten oder solo zu einer Tasse Tee.

Weizenmischbrot mit Reis

Für 1 Kastenform von 2 Liter Inhalt:

100 g Naturreis
500 ml lauwarmes Wasser
300 g Weizenvollkornmehl
100 g Roggenvollkornmehl
½ frischer Hefewürfel (ca. 20 g)
1 EL Honig
1 TL Meersalz
1 TL Kräutersalz

Außerdem:

Butter und Mehl für die Form
Mehl für die Arbeitsfläche

Brotbackautomat

Typ/Programm: Vollwert/Brot

1. Den Naturreis in einer heißen, beschichteten Pfanne ohne Fett einige Minuten rösten, dabei die Pfanne immer wieder schwenken. Den Reis mit 200 ml Wasser aufgießen, aufkochen und dann bei kleiner Hitze 20 Minuten leise kochen lassen. Die Pfanne beiseite ziehen und den Reis vollständig erkalten lassen.
2. Weizenvollkornmehl und Roggenvollkornmehl in einer Schüssel vermischen und in der Mitte eine Vertiefung formen. Die Hefe einbröckeln und mit Honig sowie mit 300 ml Wasser verrühren. Die Schüssel mit einem Tuch abdecken und den Vorteig 30 Minuten ruhen lassen.
3. Den Vorteig mit Meersalz und Kräutersalz zu einem geschmeidigen Teig kneten. Den Reis unterkneten. Den Teig abdecken und 1 Stunde ruhen lassen.
4. Den Backofen auf 220 °C (Umluft 200 °C, Gas Stufe 4½) vorheizen und eine Backform mit Butter einfetten und mit Mehl ausklopfen.
5. Den Teig auf einer bemehlten Arbeitsfläche einige Minuten kneten, zu einer Rolle formen und in die Kastenform legen; nochmals 10 Minuten gehen lassen.
6. Die Form auf die mittlere Schiene in den vorgeheizten Backofen schieben und das Brot 10 Minuten backen. Die Hitze auf 200 °C (Umluft 180 °C) reduzieren und das Brot weitere 40 bis 45 Minuten backen.

Tipp

Sie können noch persönliche Noten einbringen – ob durch Austausch von Honig durch Sirup, Zucker oder Traubenzucker oder durch verschiedene Gewürze: Curry, edelsüßes Paprikapulver, Kräuter der Provence, Thymian, Kreuzkümmel (Kumin) oder Ingwer. Einfach ausprobieren!

Raffinierte Mischbrote

Mischbrötchen mit Oliven

1. Die beiden Mehlsorten in eine Schüssel sieben und in der Mitte eine Vertiefung formen. Die Hefe einbröckeln und mit Zucker sowie mit Wasser verrühren. Die Schüssel mit einem Tuch abdecken und den Vorteig 30 Minuten ruhen lassen.
2. Inzwischen die Pfefferkörner mit dem Löffelrücken zerquetschen. Die Knoblauchzehen schälen und durch eine Presse drücken. Die Oliven entsteinen und fein hacken.
3. Den Vorteig mit dem restlichen Mehl vom Rand, Meersalz, getrockneten Kräutern und Olivenöl zu einem geschmeidigen Teig kneten. Die Pfefferkörner, Knoblauch sowie die Oliven unterkneten. Den Teig abdecken und nochmals 1 Stunde ruhen lassen.
4. Den Backofen auf 220 °C (Umluft 200 °C, Gas Stufe 4 ½) vorheizen und ein Backblech mit Butter einfetten.
5. Den Teig auf einer bemehlten Arbeitsfläche kneten und in sechzehn Portionen teilen. Jede Teigportion nochmals kneten, zu Brötchen formen und auf das Backblech legen. Noch einmal 10 Minuten gehen lassen.
6. Das Backblech auf die mittlere Schiene in den vorgeheizten Backofen schieben, die Brötchen in 10 bis 15 Minuten backen.

Tipp

Je nach Geschmack können Sie anstatt der schwarzen auch grüne Oliven verwenden. Grüne sind die noch unreifen, geernteten Oliven, dagegen sind die schwarzen Oliven reif. Der Unterschied zeigt sich nicht nur in der Farbe, sondern auch im Kaloriengehalt (grün ca. 100 g/150 kcal, schwarze 100 g/430 kcal) - aus den schwarzen tropft förmlich das pikante Olivenöl heraus.

Für 16 Brötchen:

200 g Weizenvollkornmehl
200 g Roggenmehl
½ frischer Hefewürfel (ca. 20 g)
1 TL Zucker
250 ml Wasser
1 TL grüne, eingelegte Pfefferkörner
2 Knoblauchzehen
150 g schwarze Oliven
1 TL Meersalz
1 TL getrocknete italienische Kräuter
2 EL Olivenöl

Außerdem:

Butter für das Backblech
Mehl für die Arbeitsfläche

Brotbackautomat

Typ/Programm: Vollwert/Brot

Mit dem Programm »Normal/Teig« Teig herstellen, aus der Maschine nehmen, in Brötchen formen und im Ofen backen. Oder zu einem ganzen Brot in der Maschine backen.

Für 10 Brezeln:

100 g Grünkernmehl
200 g Dinkelvollkornmehl
300 g Weizenvollkornmehl
1 frischer Hefewürfel (42 g)
1 TL Zucker
350 ml lauwarmes Wasser
200 g gekochter Schinken
1 EL Meersalz
1 Prise schwarzer gemahlener Pfeffer

Außerdem:

Mehl für die Arbeitsfläche
Butter für das Backblech
3 EL Sahne

Brotbackautomat

Typ/Programm:
Vollwert/Brot

Nur 100 g Schinken verwenden. Teig mit dem Programm »Normal/Teig“ herstellen, aus der Maschine nehmen, zu Brezeln drehen und im Ofen backen.

Dreikornbrezeln mit Schinken

1. Die drei Mehlsorten in einer Schüssel vermischen und in der Mitte eine Vertiefung formen. Die Hefe einbröckeln und mit Zucker sowie mit Wasser verrühren. Die Schüssel mit einem Tuch abdecken und den Vorteig 30 Minuten gehen lassen.
2. Inzwischen den Schinken in sehr feine Stückchen schneiden. Den Vorteig mit restlichem Mehl vom Rand, Meersalz und Pfeffer zu einem geschmeidigen Teig kneten. Erst dann den Schinken unterkneten. Den Teig abdecken und 1 Stunde ruhen lassen.
3. Den Teig auf einer bemehlten Arbeitsfläche kneten und in zehn Portionen teilen. Jede Teigportion durchkneten, zu dünnen, etwa 18 cm langen Rollen formen und diese zu Brezeln drehen; 10 Minuten ruhen lassen.
4. Den Backofen auf 220 °C (Umluft 200 °C, Gas Stufe 4½) vorheizen und ein Backblech mit Butter einfetten. Die Brezeln nicht zu dicht aneinander auf das Backblech geben und im vorgeheizten Backofen auf der mittleren Schiene 10 bis 15 Minuten backen.
5. Die fertig gebackenen Brezeln noch heiß mit der Sahne bestreichen.

Tipp

Die Brezeln werden durch die Zugabe von Schinken sehr saftig und herzhaft im Geschmack. Sie halten sich einige Tage, wenn sie die Brezeln in einer Plastikdose aufbewahren – die entstehende Feuchtigkeit hält sie elastisch.

Kümmelbrötchen mit Quark

Für etwa 10 Brötchen:

150 g Weizenmehl
150 g Roggenvollkornmehl
½ frischer Hefewürfel (ca. 20 g)
1 TL Honig
150 ml Milch
150 g Vollmilchquark
1 TL Meersalz
2 EL Kümmel (oder je nach Belieben)

Außerdem:

Backpapier

1. Die beiden Mehlsorten in einer Schüssel vermischen und in die Mitte eine Vertiefung drücken. Die Hefe einbröckeln und mit Honig sowie mit Milch verrühren. Die Schüssel abdecken und den Vorteig 30 Minuten ruhen lassen.
2. Den Backofen auf 200 °C (Umluft 180 °C, Gas Stufe 3–4) vorheizen und ein Backblech mit Backpapier auslegen.
3. Den Vorteig mit dem restlichen Mehl vom Rand, Vollmilchquark, Meersalz und Kümmel zu einem geschmeidigen Teig kneten. Dann in eine Rolle von etwa 5 cm Durchmesser formen und von dieser etwa 1 ½ cm dicke Scheiben abschneiden.
4. Die Teigscheiben etwas nachformen und auf das Backblech legen; nochmals für 10 Minuten ruhen lassen.
5. Das Backblech auf die mittlere Schiene in den vorgeheizten Backofen schieben und die Brötchen in etwa 20 Minuten knusprig backen; 10 Minuten im ausgeschalteten Backofen ruhen lassen.

Brotbackautomat

Typ/Programm: Normal/Teig

Den Teig aus dem Automaten nehmen, zu Brötchen formen und im Backofen backen.

Tipp

Salz zerstört Hefebakterien. Dies ist auch der Grund, warum das Salz auf keinen Fall zum Vorteig gemischt werden darf, sondern erst später zum Hauptteig. Im Brotbackautomaten, je nach Hersteller, kommt die Trockenhefe zuerst oder am Schluss in die Maschine – also ebenfalls weit weg vom Salz.

Für 1 Fladen:
300 g Dinkelmehl
200 g Roggenmehl
½ frischer Hefewürfel
(ca. 20 g)
1 TL Honig
300 ml lauwarmes Wasser
1 TL Salz
Außerdem:
Mehl für die Arbeitsfläche
Butter für das Backblech
1 Ei (Größe S)

Brotbackautomat

Typ/Programm:
Vollwert/Brot

Der Teig kann im Ofen als Fladen fertig gebacken oder normal in der Maschine als Brot gebacken werden.

Dinkelpolster mit Roggen (im Foto, links)

1. Die beiden Mehlsorten in einer Schüssel vermischen und in der Mitte eine Vertiefung formen. Den Hefewürfel einbröseln, mit Honig sowie mit Wasser verrühren. Die Schüssel abdecken und den Vorteig 20 Minuten ruhen lassen.
2. Den Vorteig mit restlichem Mehl vom Rand und Salz zu einem geschmeidigen Teig kneten und diesen 1 Stunde gehen lassen.
3. Den Teig auf einer bemehlten Arbeitsfläche einige Minuten kneten und dann zu einem 2 bis 3 cm dicken Fladen auswellen; nochmals 15 Minuten gehen lassen.
4. Den Backofen auf 220 °C (Umluft 200 °C, Gas Stufe 4 ½) vorheizen und ein Backblech mit Butter einfetten.
5. Den Fladen auf das Backblech legen und darauf mit einem Holzstiel ein gitterförmiges Muster eindrücken, sodass einzelne »Polster« entstehen. Das Ei mit 2 Esslöffeln Wasser verquirlen und den Fladen damit rundherum bestreichen. Das Backblech auf die mittlere Schiene in den Backofen schieben und den Fladen in 20 bis 25 Minuten backen.

Gesundheit

Die gute Nachricht vorweg: Honig ist eine schnelle Energiespritze, weil er direkt ins Blut übergeht. Die schlechte Nachricht: Es gibt zu viele unreine Mischungen, die halb aus Blütenhonig und halb aus gefertigtem Industriehonig bestehen. Sie sollten auf das grüne Klebeband, mit denen die Deckel der vom deutschen Imkerverband kontrollierten Honige verplombt sind, achten. Dunkle Honige sind kräftig im Geschmack, die Konsistenz der Honige sagt nichts über die Qualität aus. Vom gesundheitlichen Aspekt gesehen, sollte man Honig dem weißen Zucker vorziehen.

Für 1 länglichen Wecken:

500 g Weizenmehl
1 Päckchen Trockenhefe
2 EL Zucker
50 ml lauwarmes Wasser
200 ml Milch
2 EL weiche Butter
1 TL Meersalz

Außerdem:

Butter für das Backblech
Mehl für die Arbeitsfläche

Brotbackautomat

Typ/Programm: Normal/Brot

Milchwecken am Stück (siehe Foto Seite 65, rechts)

Gesundheit

Meersalz verhilft nicht nur zur täglichen, schilddrüsenfreundlichen »Jodspritze«, sondern ist zudem ein kraftvoller Aromatisierer. Salz im Teig bewirkt beim Backen eine schöne, knusprige Kruste und verstärkt den Geschmack. Das meist grobkörnige Salz ist leicht grau, weil es Mineralien wie Kalium, Brom, Magnesium und Kalzium in Spuren enthält.

1. Das Weizenmehl in eine Schüssel sieben und in der Mitte eine Vertiefung formen. Die Trockenhefe mit dem Zucker einrieseln und mit Wasser verrühren. Die Schüssel mit einem Tuch abdecken und den Vorteig 20 Minuten ruhen lassen.
2. Den Vorteig mit restlichem Mehl vom Rand, Milch, Butter und Meersalz zu einem geschmeidigen Teig kneten. Die Schüssel mit einem Tuch abdecken und den Teig 1 Stunde ruhen lassen.
3. Den Backofen auf 220 °C (Umluft 200 °C, Gas Stufe 4 ½) vorheizen und ein Backblech mit Butter einfetten.
4. Den Teig auf einer bemehlten Arbeitsfläche kneten, in vier Portionen teilen und diese wiederum kneten. Jede Teigkugel mit der Handfläche zu länglichen Ovalen plattieren und diese fest aneinander gedrückt auf das Backblech geben. Den länglichen Wecken mittig mit einem Messer einschneiden und dann mit Wasser bepinseln. Den Teig nochmals für 15 Minuten ruhen lassen.
5. Das Backblech auf die mittlere Schiene in den Backofen schieben und den Milchwecken in 30 bis 35 Minuten backen.

Roggenkreisel mit Kräutersalz (siehe Foto Seite 65, hinten)

1. Die beiden Mehlsorten in eine Schüssel sieben und in der Mitte eine Vertiefung formen. Den Hefewürfel einbröckeln und mit Zucker sowie mit Wasser verrühren. Die Schüssel mit einem Tuch abdecken und den Vorteig 20 Minuten ruhen lassen.
2. Den Vorteig mit restlichem Mehl vom Rand und dem Kräutersalz zu einem elastischen, weichen Teig kneten. Den Teig abdecken und 1 Stunde ruhen lassen.
3. Den Backofen auf 220 °C (Umluft 200 °C, Gas Stufe 4 ½) vorheizen und ein Backblech mit Butter einfetten.
4. Den Teig auf einer bemehlten Arbeitsfläche kneten und zu einem Fladen von etwa 15 cm Durchmesser auswellen. Diesen halbieren und jede Teighälfte mit Wasser besprühen. Jeden Halbkreis aufrollen, mit den Handflächen leicht plattieren, mit etwas Mehl bestäuben und auf ein gefettetes Backblech legen. Auf der mittleren Schiene im vorgeheizten Backofen 25 bis 30 Minuten backen.

Gesundheit

Kräutersalz wurde den Roggenkreiseln aus geschmacklichen Gründen beigemischt. Sie könnten genauso gut Meer- oder Steinsalz mit Jod verwenden – und noch besser frisch gehackte Kräuter, wie z. B. 2 Esslöffel glatte Petersilie, Dill oder gemischte Kräuter, hinzufügen. Kräuter regen die Magensäfte an, kurbeln die »Verdauungsmaschine« hoch und schmecken vor allen Dingen sehr gut. Beim Kauf von Kräutersalz, das letztlich eine Gewürzmischung ist, bitte unbedingt die Zutatenliste lesen. Oftmals steht Natriumglutamat, ein Geschmacksverstärker, mit auf der Liste, und das muss nicht unbedingt sein. Viele Menschen reagieren sogar mit allergischen Reaktionen darauf. Am besten Kräutersalz-Mischungen in Naturkostläden oder im Reformhaus kaufen.

Für 2 runde Brote:

250 g Weizenvollkornmehl
250 g Weizenmehl
1 frischer Hefewürfel (42 g)
1 TL brauner Zucker
250 ml lauwarmes Wasser
1 EL Kräutersalz

Außerdem:

Butter für das Backblech
Mehl für die Arbeitsfläche und zum Bestäuben

Brotbackautomat

Typ/Programm: Vollwert/Brot

1 Päckchen Trockenhefe anstatt frischer Hefe, dazu 1 ½ TL Meersalz und 320 ml Wasser.

Für 1 längliches Brot im Peddigrohrkörbchen:

400 g Dinkelvollkornmehl
1 frischer Hefewürfel (42 g)
1 EL Zucker
50 ml lauwarmes Wasser
250 g mehlig kochende Kartoffeln
1 Prise Salz
100 ml Milch
1 TL Kümmel
1 kräftige Prise gemahlene Muskatnuss
1 TL Meersalz

Außerdem:

Mehl zum Bestäuben und für die Arbeitsfläche
Butter für das Backblech

Brotbackautomat

Typ/Programm: Normal/Brot

Kartoffeln schon am Vortag kochen, dann sind sie nicht so feucht.

Dinkelbrot mit Kartoffeln (im Foto, vorne)

1. Das Dinkelvollkornmehl in eine Schüssel sieben und in der Mitte eine Vertiefung formen. Die Hefe einbröckeln, mit Zucker und Wasser verrühren. Die Schüssel mit einem Tuch abdecken und den Vorteig 30 Minuten ruhen lassen.
2. Inzwischen die Kartoffeln waschen, in Salzwasser garen, abgießen und ausdampfen lassen. Die gekochten Kartoffeln mit Schale kleiner schneiden und mit Küchenpapier trockentupfen. Dann durch die Kartoffelpresse zum Vorteig pressen und zusammen mit dem restlichen Mehl vom Rand, Milch, Kümmel, Muskat und Meersalz zu einem geschmeidigen Teig kneten. Den Teig mit Mehl bestäuben, die Schüssel mit einem Tuch abdecken und 1 Stunde ruhen lassen.
3. Den Backofen auf 220 °C (Umluft 200 °C, Gas Stufe 4 ½) vorheizen und ein Backblech mit Butter einfetten.
4. Den Teig auf einer bemehlten Arbeitsfläche einige Minuten kneten, zu einer Kugel formen und in das Peddigrohrkörbchen einpassen. Mit Mehl bestäuben und 30 Minuten gehen lassen.
5. Das Brot auf das Backblech stürzen und auf die mittlere Schiene in den vorgeheizten Backofen schieben. Die Backzeit beträgt 35 bis 40 Minuten.

Für 4 Laibchen:
50 g Gerstenschrot
200 ml lauwarmes Wasser
100 g Gerstenvollkornmehl
350 g Weizenvollkornmehl
½ frischer Hefewürfel
(ca. 20 g)
2 EL Gerstenmalzextrakt
100 ml lauwarmes Bier
(dunkles oder helles)
1 EL Meersalz
1 TL Kümmel
1 TL Röstzwiebeln
(Fertigprodukt)
Außerdem:
Butter für das Backblech
Mehl für die Arbeitsfläche
2 EL Milch

Brotbackautomat

Typ/Programm:
Mehrkorn/Brot

Weizenvollkornmehl durch Dinkelvollkornmehl ersetzen. 1 Päckchen Trockenhefe anstatt frischer Hefe verwenden.

Pikante Bierlaibchen (siehe Foto Seite 69, hinten)

1. Das Gerstenschrot mit 100 ml lauwarmem Wasser begießen und 3 Stunden quellen lassen.
2. Das Gerstenvollkornmehl mit Weizenvollkornmehl vermischen und in der Mitte eine Vertiefung formen. Die Hefe einbröckeln, mit Gerstenmalzextrakt sowie mit 100 ml Wasser verrühren. Die Schüssel mit einem Tuch abdecken und den Vorteig 30 Minuten gehen lassen.
3. Den Vorteig mit Gerstenschrot, Bier, Meersalz, Kümmel sowie mit den Röstzwiebeln zu einem geschmeidigen Teig kneten. Die Schüssel abdecken und den Teig 1 Stunde gehen lassen.
4. Den Backofen auf 220 °C (Umluft 200 °C, Gas Stufe 4½) vorheizen und ein Backblech mit Butter einfetten. Den Teig auf einer bemehlten Arbeitsfläche kneten und zu vier Kugeln formen. Die Teigkugeln auf das Backblech geben, mit den Handflächen leicht platt drücken und dicht zusammensetzen. Nochmals 10 Minuten gehen lassen.
5. Das Backblech auf die mittlere Schiene in den vorgeheizten Backofen schieben und in 25 bis 30 Minuten knusprig backen. Aus dem Ofen nehmen und noch heiß mit Milch bepinseln.

Tipp

Beim Rezept der pikanten Bierlaibchen können Sie auch 50 g Gerstenschrot gegen 50 g Weizenschrot und 100 g Gerstenvollkornmehl gegen 100 g Weizenvollkornmehl austauschen.

Dinkelmilchbrötchen mit Quinoa

1. Das Dinkelvollkornmehl in eine Schüssel sieben und in der Mitte eine Vertiefung formen. Die Hefe einbröckeln und mit Honig sowie mit Milch verrühren. Die Schüssel mit einem Tuch abdecken und den Vorteig 30 Minuten ruhen lassen.
2. Den Vorteig mit dem restlichen Mehl vom Rand, Kräutersalz und der Quinoa zu einem geschmeidigen, weichen Teig kneten. Die Schüssel abdecken und den Teig 1 Stunde ruhen lassen.
3. Den Backofen auf 220 °C (Umluft 200 °C, Gas Stufe 4 ½) vorheizen und ein Backblech mit Butter einfetten.
4. Den Teig auf einer bemehlten Arbeitsfläche kneten und in zwölf bis vierzehn Portionen teilen. Jede Teigportion kneten und zu Brötchen formen. Jedes Brötchen mit den Oberflächen in Milch tauchen und in der Mischung aus Dinkelvollkornmehl und Quinoa drehen. Auf das Backblech geben und 10 Minuten ruhen lassen.
5. Das Backblech auf die mittlere Schiene in den vorgeheizten Backofen schieben und die Brötchen in 15 bis 20 Minuten knusprig backen.

Gesundheit
Quinoa ist kein Getreide, sondern ein Gänsefußgewächs aus Lateinamerika. Die etwa hirsegroßen Samen sind sehr nahrhaft, der Eiweißgehalt ist höher als beim Getreide und Quinoamehl ist glutenfrei. Verwendung findet es besonders in der vegetarischen und vor allem in der Veganer-Küche als ganzes Korn und als Flocken.

Für 12 bis 14 Brötchen:

400 g Dinkelvollkornmehl
½ frischer Hefewürfel (ca. 20 g)
1 TL Honig
200 ml Milch
1 EL Kräutersalz
gekochte, kalte Quinoa vom Vortag (dazu 100 g Quinoa in 200 ml Wasser 15 Minuten garen)

Außerdem:

Butter für das Backblech
Mehl für die Arbeitsfläche
5 EL Milch
Mischung aus 2 EL Dinkelvollkornmehl und 2 EL roher Quinoa

Brotbackautomat

Typ/Programm: Normal/Brot

Zusätzlich mit ½ TL gemahlenem Piment und ¼ TL gemahlenem Curry würzen.

Stangenbrot über dem Feuer (im Foto)

Für 1 dickeren Ast oder Holzstecken:

250 g Weizenmehl
250 g Weizenvollkornmehl
1 Päckchen Trockenhefe
1 EL Honig
250 ml Milch
1 TL Salz
2 EL Leinsamen
1 EL Sonnenblumenöl

Außerdem:

Mehl für die Arbeitsfläche

Brotbackautomat

Typ/Programm:
Mehrkorn/Brot

Teig mit der Funktion »Normal/Teig« herstellen, in eine Schüssel füllen und zum Lagerfeuer mitnehmen.

1. Die beiden Mehlsorten in einer Schüssel vermischen und in der Mitte eine Mulde formen. Die Trockenhefe einrieseln und mit Honig sowie mit Milch verrühren. Den Vorteig mit einem Tuch abdecken und 30 Minuten ruhen lassen.
2. Den Vorteig mit Salz, Leinsamen und Sonnenblumenöl zu einem glatten, geschmeidigen Teig kneten. Nochmals abdecken und 1 Stunde ruhen lassen.
3. Den Teig auf einer bemehlten Arbeitsfläche kneten und zu einem dicklichen Teigstreifen auswellen. Diesen um einen entsprechenden Ast oder Holzstecken wickeln. Den Ast über einem (Lager)Feuer, über die Glut halten. Mindestens 15 Minuten drehen, bis das Brot braun und knusprig aussieht.

Tipp

Sollten Sie mit Kindern oder einer Gruppe von Freunden ein schönes Lagerfeuer in der freien Natur veranstalten, so dürfen in Bezug auf »Lagerfeuer-Romantik« einige Dinge nicht fehlen, wie z.B. Kartoffeln aus dem Feuer holen oder Stecken bzw. Holzstiele mit Brotteig umwickelt über dem Feuer backen.
Stellen Sie den Teig zu Hause her und geben sie ihn in eine Plastikschüssel mit Deckel zum Ruhen bzw. auch zum Transportieren. Aber Vorsicht: Nicht zu lange in der Sonne stehen lassen, denn der Teig entwickelt beim Gehen so viel Kraft, dass der Deckel dadurch abheben kann.

Für 1 Kastenform von 2 Liter Inhalt:

250 g Buchweizenmehl
250 g Maismehl
1 frischer Hefewürfel (42 g)
2 EL Birnen- oder Apfeldicksaft
200 ml lauwarme Milch
2 EL Butter
1 Ei (Größe M)
100 g Naturjoghurt
1 TL Meersalz
1 Msp. im Mörser zerstoßener Piment

Außerdem:

Butter für die Form
Mehl für die Arbeitsfläche

Brotbackautomat

Typ/Programm: Normal/Brot

Sahnequark anstatt Joghurt verwenden.

Glutenfreies Buchweizenbrot

1. Die beiden Mehlsorten in einer Schüssel vermischen und in der Mitte eine Vertiefung formen. Die Hefe einbröckeln und mit Birnen- oder Apfeldicksaft sowie mit Milch verrühren. Die Schüssel mit einem Tuch abdecken und den Vorteig 30 Minuten ruhen lassen.
2. Den Vorteig mit Butter, Ei, Naturjoghurt, Meersalz sowie Piment zu einem geschmeidigen Teig kneten. Den Teig abdecken und 1 Stunde ruhen lassen.
3. Den Backofen auf 220 °C (Umluft 200 °C, Gas Stufe 4½) vorheizen und eine Kastenform mit Butter einfetten.
4. Den Teig nochmals durchkneten und in die Form füllen; 10 Minuten ruhen lassen.
5. Die Form auf die mittlere Schiene in den vorgeheizten Backofen schieben und das Brot in etwa 50 Minuten backen.

Gesundheit

Piment, gemahler Nelkenpfeffer oder »Allspice«-Gewürz genannt, ist für viele, die keinen Pfeffer mögen, der »Pfefferersatz«. Mit seinen ätherischen Ölen, wie z. B. Eugenol, entwickelt Piment eine immense, den Gewürznelken ähnliche Würzkraft mit scharfem Unterton, daher Vorsicht im Umgang. Piment wirkt verdauungsfördernd, desinfizierend und hilft bei Magenbeschwerden. Es steht sogar in der Naturheilkunde gegen Müdigkeit hoch im Kurs.

Gesundheitsbrot mit Hirse

Gesundheit
Bei der Umstellung von normaler Mischkost auf Vollwertkost müssen Sie unbedingt darauf achten, dass Sie diese nur schrittweise und schonend für den Magen-Darm-Trakt vollziehen. Der Körper ist es meist nicht gewohnt, ausschließlich natürliche und gesunde Lebensmittel zu verdauen und reagiert mit Umstellungsproblemen. Informieren Sie sich zusätzlich in Bio-, Natur- und Reformläden, was Sie Ihrem Körper Gutes tun können. Fangen Sie mit diesem leckeren Gesundheitsbrot an …

1. Die Hirsekörner in kochendes Wasser streuen, eine Prise Meersalz hinzufügen und in etwa 10 Minuten garen. Anschließend den Topf beiseite ziehen.
2. Die drei Mehlsorten in einer Schüssel vermischen und in der Mitte eine Mulde formen. Die Hefe einbröckeln und mit Zucker sowie mit 300 ml Wasser verrühren. Die Schüssel mit einem Tuch abdecken und den Vorteig 30 Minuten ruhen lassen.
3. Die Hirsekörner in ein Sieb gießen und erkalten lassen.
4. Den Backofen auf 220 °C (Umluft 200 °C, Gas Stufe 4 ½) vorheizen und eine Kastenform mit Butter einfetten.
5. Den Vorteig mit den Hirsekörnern sowie dem Koriander und dem restlichen Mehl zu einem geschmeidigen Teig kneten. Den Teig abdecken und 1 Stunde ruhen lassen.
6. Den Teig auf einer bemehlten Arbeitsfläche nochmals durchkneten, in die Form geben und die Oberfläche mehrmals mit einer Gabel einstechen. Die Kastenform auf die mittlere Schiene in den vorgeheizten Ofen schieben und das Brot 30 Minuten backen. Die Hitze auf 180 °C reduzieren und das Brot weitere 30 Minuten backen.

Für 1 Kastenform von 2 Liter Inhalt:

100 g Hirsekörner
1 TL Meersalz
100 g Hirsemehl
200 g Weizenvollkornmehl
200 g Dinkelvollkornmehl
1 frischer Hefewürfel (42 g)
1 Prise brauner Zucker
300 ml lauwarmes Wasser
2 TL zerstoßener Koriander

Außerdem:

Butter für die Form
Mehl für die Arbeitsfläche

Brotbackautomat

Typ/Programm:
Mehrkorn/Brot

Brote mit Früchten und Gemüsen

Milchbrot mit Tomaten

1. Das Weizenmehl in eine Schüssel sieben und in der Mitte eine Vertiefung formen. Die Hefe einbröckeln und mit Honig und Milch verrühren. Die Schüssel mit einem Tuch abdecken und den Vorteig 30 Minuten ruhen lassen.
2. Den Vorteig mit dem Ei, Meersalz, Tomatenmark und Tomaten zu einem geschmeidigen Teig kneten. Den Teig abdecken und 1 Stunde ruhen lassen.
3. Den Backofen auf 220 °C (Umluft 200 °C, Gas Stufe 4 ½) vorheizen und eine Form mit Butter einfetten.
4. Den Teig auf einer bemehlten Arbeitsfläche einige Minuten kneten und in die Form füllen.
5. Die Form auf die mittlere Schiene in den vorgeheizten Backofen schieben und das Brot in 35 bis 40 Minuten backen.

Varianten

Anstatt getrockneter Tomaten klein gehackte Oliven verwenden. Die Milch durch Wasser ersetzen oder einfach halb Milch und halb Wasser vermischen.

Gesundheit

Dieses gut gewürzte Brot ist eine Abwechslung zum herkömmlichen Brot und schmeckt vor allem zu einem gemischten Salat. Frische Tomaten enthalten über 90 Prozent Wasser, getrocknete Tomaten keine 5 Prozent mehr – man schmeckt die konzentrierte Würze. Gelagert werden getrocknete Tomaten in Olivenöl, das das fruchtige Aroma optimal unterstützt. Tomaten sind als Appetitanreger bekannt, entgiften den Verdauungsapparat und beugen Vitaminmangel vor.

Für 1 Kastenform von 2 Liter Inhalt:

500 g Weizenmehl
½ frischer Hefewürfel (ca. 20 g)
1 TL Honig
250 ml lauwarme Milch
1 Ei (Größe M)
1 TL Meersalz
2 EL Tomatenmark
50 g klein gewürfelte in Olivenöl eingelegte, getrocknete Tomaten

Außerdem:

Butter für die Form
Mehl für die Arbeitsfläche

Brotbackautomat

Typ/Programm: Normal/Brot

1 Päckchen Trockenhefe
500 g Weizenmehl
1 TL Honig
2 EL Tomatenmark
50 g gehackte getrocknete, eingelegte Tomaten
2 EL Olivenöl
1 TL Meersalz
300 ml Milch

Frühlingszwiebelbrot mit Quark (siehe Foto Seite 81, vorne)

Für 1 Brotlaib:

4 Frühlingszwiebeln
2 EL Sonnenblumenöl
500 g Backmischung für Sauerteigbrot (Diamanthefe ist anbei)
200 ml lauwarmes Wasser
50 g Sahnequark
1 EL weiche Butter
1 TL ganzer Kümmelsamen
1 Prise gemahlener Koriander

Außerdem:

Mehl für die Arbeitsfläche
Butter für das Backblech

Brotbackautomat

Typ/Programm:
Vollwert/Brot

500 g Backmischung für Sauerteigbrot (Diamanthefe ist anbei)
1 TL Kümmel
150 g Sahnequark
1 EL Butter
100 g kalte, gedünstete Frühlingszwiebelwürfel
200 ml Wasser

Gesundheit

Kümmel mit seinem würzig-scharfen Geschmack ist ideal zur Beigabe von schweren Gerichten oder Teigen, denn er hilft bei Blähungen und Magenbeschwerden. Sie können die Beigabe in diesem Brot durchaus verdoppeln, es ist reine Geschmackssache. Der Kümmel entfaltet sein Aroma vollends, wenn er im Mörser grob zerstoßen und in der heißen Pfanne ohne Fettzugabe geröstet wird.

1. Die Frühlingszwiebeln putzen, waschen und sehr fein würfeln. In einer Pfanne in heißem Sonnenblumenöl 3 bis 4 Minuten dünsten und zum Abkühlen auf einen Teller geben.
2. Die Backmischung mit Wasser verrühren und 30 Minuten stehen lassen. Dann mit Sahnequark, Butter, Kümmel, Koriander sowie den Frühlingszwiebeln zu einem geschmeidigen Teig kneten. Den Teig abdecken und 1 Stunde ruhen lassen.
3. Den Teig auf einer bemehlten Arbeitsfläche kneten und zu einer Kugel formen; nochmals 10 Minuten gehen lassen.
4. Den Backofen auf 220 °C (Umluft 200 °C, Gas Stufe 4½) vorheizen und ein Backblech mit Butter einfetten.
5. Die Teigkugel mit einem Messer auf der Oberfläche kreuzweise einschneiden und in jedes Teigviertel zur Verzierung ein kleines Glas eindrücken.
6. Das Backblech auf die mittlere Schiene des vorgeheizten Backofens schieben und den Brotlaib in 55 bis 60 Minuten backen.

Pfirsichbrot mit Kürbiskernen (siehe Foto Seite 81, links)

1. Weizenmehl und Roggenvollkornmehl in einer Schüssel vermischen und in der Mitte eine Vertiefung formen. Die Hefe und den Zucker einrieseln und mit Wasser verrühren. Die Schüssel abdecken und den Vorteig 30 Minuten ruhen lassen.
2. Den Vorteig mit Pfirsichjoghurt, -marmelade, Butter und Salz zu einem geschmeidigen Teig kneten; die Kürbiskerne zuletzt unterkneten. Den Teig abdecken und 1 Stunde ruhen lassen.
3. Den Backofen auf 220 °C (Umluft 200 °C, Gas Stufe 4 ½) vorheizen und eine Backform mit Butter einfetten sowie mit den Kürbiskernen ausstreuen.
4. Den Teig auf einer bemehlten Arbeitsfläche einige Minuten kneten, in die Form füllen und nochmals 10 Minuten gehen lassen.
5. Die Kastenform auf die mittlere Schiene in den vorgeheizten Backofen schieben und in 55 bis 60 Minuten backen. Anschließend aus der Form stürzen und noch für 5 Minuten bei 180 °C backen.

Für 1 Kastenform von 2 Liter Inhalt:

250 g Weizenmehl
250 g Roggenvollkornmehl
1 Päckchen Trockenhefe
2 EL Zucker
150 ml lauwarmes Wasser
150 g Pfirsichjoghurt
2 EL Pfirsichmarmelade
1 EL weiche Butter
1 TL Salz
4 EL Kürbiskerne

Außerdem:

Butter und 5 EL Kürbiskerne für die Form
Mehl für die Arbeitsfläche

Brotbackautomat

Typ/Programm: Normal/Brot

Gesundheit

Kürbiskerne sind sehr energiespendend und wirken harntreibend. Besonders bei Harnwegsinfektionen und Prostataleiden werden sie eingesetzt. 100 g Kürbiskerne schlagen zwar mit 522 kcal zu Buche, aber man isst sie ja nicht tellerweise. Sie sättigen gut, sind also ideal für den »kleinen Hunger« zwischendurch. Die reichlich vorhandenen Ballaststoffe helfen bei der Verdauung und als Nebeneffekt enthalten Kürbiskerne viel Magnesium, Eisen, Phosphor, Zink, Kupfer, Vitamin B_1 und B_2.

Für 1 Brotlaib:

400 g Weizenvollkornmehl
100 g grob gemahlener Weizenschrot
1 Päckchen Trockenhefe
1 TL Honig
200 ml lauwarmes Wasser
1 Päckchen Backpulver
150 g Kräuter-Crème fraîche
100 g Ajvar (Paprikapaste aus dem Glas)
1 TL Kräutersalz

Außerdem:

Butter für das Backblech
Mehl für die Arbeitsfläche und zum Bestäuben

Brotbackautomat

Typ/Programm:
Vollwert/Brot

Ajvarbrot mit Paprika (im Foto, hinten)

1. Weizenvollkornmehl und Weizenschrot in einer Schüssel vermischen und in der Mitte eine Vertiefung formen. Die Hefe einrieseln und mit Honig sowie mit Wasser verrühren. Die Schüssel mit einem Tuch abdecken und den Vorteig 30 Minuten ruhen lassen.
2. Den Vorteig mit Backpulver, Kräuter-Crème fraîche, Ajvar und Salz zu einem geschmeidigen Teig kneten. Den Teig abdecken und 1 Stunde ruhen lassen.
3. Den Backofen auf 220 °C (Umluft 200 °C, Gas Stufe 4 ½) vorheizen und ein Backblech mit Butter einfetten.
4. Den Teig auf einer bemehlten Arbeitsfläche einige Minuten kneten und zu einer Kugel formen. Diese leicht mit Mehl bestäuben und auf das Backblech geben; gut 10 Minuten ruhen lassen.
5. Das Backblech auf die mittlere Schiene in den vorgeheizten Backofen schieben und den Brotlaib in 35 bis 40 Minuten backen.

Gesundheit

Für Weizenschrot werden die ganzen Weizenkörner grob zermahlen und zum Backen von Brot oft vorher eingeweicht. Im Ajvarbrot quillt der Schrot während der Teigruhephase. Unser Darm ist heutzutage teilweise nicht mehr in der Lage natürliche Vollkornprodukte, wie z. B. Weizenschrot, optimal zu verwerten. Sollten Sie momentan Ihre Ernährung komplett auf Vollwertkost umstellen wollen, so müssen Sie dies ganz sanft machen: Nicht von heute auf morgen – Ihr Körper wird in Form von Blähungen oder auch Magenkrämpfen rebellieren. Lesen Sie sich in Ruhe in die Vollwertküche ein und lassen Sie Ihrem Körper Zeit, langsam alles zu verdauen.

Rübenbrot

Für 1 Kastenform von 2 Liter Inhalt:

250 g Maisgrieß
10 Messlöffel Tartex Biobin
½ TL Kräutersalz
1 Päckchen Backpulver
1 Päckchen Trockenhefe
1 TL Traubenzucker
300 ml lauwarmes Wasser
100 g grüne Oliven (auch Kräuteroliven)

Außerdem:

Butter für die Form

Brotbackautomat

Typ/Programm: Normal/Brot

Glutenfreies Maisbrot mit Oliven

1. Den Maisgrieß mit Tartex Biobin, Kräutersalz und Backpulver vermischen. Die Trockenhefe mit Traubenzucker und 3 Esslöffel Wasser verrühren; 15 Minuten ruhen lassen.
2. Inzwischen die grünen Oliven entsteinen und grob hacken.
3. Den Backofen auf 220 °C (Umluft 200 °C, Gas Stufe 4½) vorheizen und eine Kastenform mit Butter einfetten.
4. Alle vorbereiteten Zutaten mit dem Wasser gründlich verrühren und in die Kastenform füllen. Das Maisbrot auf der mittleren Schiene im vorgeheizten Backofen etwa 1 Stunde backen.

Gesundheit

Diesem Rezept geht die Entwicklung von der Firma Tartex vorweg. Das Produkt Tartex Biobin besteht aus 96 Prozent Johannisbrotkernmehl und 4 Prozent Kalziumlaktat. Es hat Bindefähigkeiten wie Mehl, Eigelb oder Stärke, ist allerdings geschmacksneutral und kalorienarm. Da Brotrezepte für eine glutenfreie Ernährung sehr beschränkt sind, ist es immer wieder eine Hilfe, neue Produkte für das Backen zu Hause zu entdecken und zu empfehlen. In diesem Buch haben wir einige glutenfreie Brote mit Biobin gebacken, da das Klebereiweiß vom Getreide nicht verwendet werden kann. Johannisbrotkernmehl wird aus den Schoten des Karob-Baumes (auch Johannisbrotbaum genannt) gewonnen und dient vor allem in der Diät-Küche als Geliermittel.

Weißbrot mit Paprikastückchen

Gesundheit
Gut gewürztes oder mit Gemüsen aromatisiertes Brot gibt im Geschmack nicht nur mehr Aroma, sondern hilft das Brot besser zu verdauen.

1. Das Mehl in eine Schüssel sieben und in der Mitte eine Vertiefung formen. Die Hefe einbröckeln und mit Honig sowie mit Wasser verrühren. Die Schüssel mit einem Tuch abdecken und den Vorteig 30 Minuten ruhen lassen.
2. Inzwischen die Paprikaschoten waschen, halbieren, von Stielansatz, weißer Innenhaut und Kernen befreien und in sehr kleine Würfel schneiden.
3. Den Vorteig mit Salz zu einem geschmeidigen Teig kneten; erst dann die Paprikawürfelchen unterkneten. Den Teig abdecken und 1 Stunde ruhen lassen.
4. Den Backofen auf 220 °C (Umluft 200 °C, Gas Stufe 4½) vorheizen und eine Kastenform mit Butter ausfetten. Den Teig auf einer bemehlten Arbeitsfläche nochmals kneten und in die Form geben; weitere 10 Minuten gehen lassen.
5. Die Form auf die mittlere Schiene in den vorgeheizten Backofen schieben und das Brot in etwa 55 Minuten backen. Während der Backzeit die Teigoberfläche ein- bis zweimal mit Wasser bepinseln.

Für 1 Kastenform von 2 Liter Inhalt:

500 g Weizenmehl
½ frischer Hefewürfel (ca. 20 g)
1 TL Honig
350 ml lauwarmes Wasser
je 1 grüne und rote Paprikaschote
½ TL Salz

Außerdem:

Butter für die Form
Mehl für die Arbeitsfläche

Brotbackautomat

Typ/Programm: Normal/Brot

Nur 1 gewürfelte Paprikaschote und 320 ml anstatt 350 ml Wasser verwenden.

Für 1 Zopf:
500 g Weizenvollkornmehl
1 frischer Hefewürfel (42 g)
1 EL Zucker
250 ml lauwarme Milch
1 Ei (Größe M)
1 TL abgeriebene Schale von einer unbehandelten Zitrone
50 g weiche Butter
1 TL Salz
100 g Rosinen
100 g Mandelstifte

Außerdem:
Butter für das Backblech
Mehl für die Arbeitsfläche
1 Ei (Größe M)

Brotbackautomat

Typ/Programm:
Normal/Rosinenbrot

Anstatt der Mandelstifte 50 g gemischtes Orangeat und Zitronat verwenden.

Vollwertiger Rosinenzopf mit Mandeln (im Foto, hinten)

1. Das Weizenvollkornmehl in eine Schüssel sieben und in der Mitte eine Vertiefung formen. Die Hefe einbröckeln und mit Zucker sowie mit Milch verrühren. Die Schüssel mit einem Tuch abdecken und den Vorteig 30 Minuten ruhen lassen.
2. Den Vorteig mit dem Ei, Zitronenschale, Butter, Salz, Rosinen und 50 g Mandelstiften zu einem elastischen Teig kneten. Den Teig abdecken und 1 Stunde ruhen lassen.
3. Den Backofen auf 200 °C (Umluft 180 °C, Gas Stufe 3–4) vorheizen und ein Backblech mit Butter einfetten.
4. Den Teig auf einer bemehlten Arbeitsfläche einige Minuten kneten und in zwei Portionen teilen. Jede Teigkugel nochmals kneten und zu einer langen Rolle formen. Die Rollen bzw. Stränge zu einem Zopf flechten, auf das Backblech legen und leicht platt drücken. Die Oberfläche mit dem verquirlten Ei bestreichen und nach Belieben nochmals mit 50 g Mandelstiften bestreuen. Den Zopf nochmals 20 Minuten ruhen lassen.
5. Das Backblech auf die mittlere Schiene in den vorgeheizten Backofen schieben und den Zopf in 40 bis 45 Minuten backen.

Gesundheit

Mandeln schmecken nicht nur gut, sondern enthalten auch reichlich Kalzium, Vitamin B_1, Zink, Eisen, viel Phosphor, Kalium und sehr viel Magnesium. Bei Neigung zu brüchigen Nägeln und trockener Haut unbedingt ein paar Mandelkerne im Speiseplan einbauen. Und sollten Sie Gelegenheit haben, frische »süße« Mandeln direkt vom Baum zu pflücken – keine Angst: Sie können Sie essen. Dazu die grüne, feste Schale einfach entfernen.

Joghurthörnchen mit Sultaninen (siehe Foto Seite 85)

Für 12 bis 14 Hörnchen:

250 g Weizenvollkornmehl
250 g Weizenmehl
1 Päckchen Trockenhefe
1 EL brauner Zucker
100 ml lauwarme Milch
250 g Vanillejoghurt
1 Päckchen Backpulver
1 TL Salz
50 g Sultaninen

Außerdem:

Butter für das Backblech
Mehl für die Arbeitsfläche
1 verquirltes Eigelb (Größe L)

Brotbackautomat

Typ/Programm: Normal/Brot oder Normal/Teig

Sie können entweder nur den Teig im Brotbackautomaten zubereiten und zu Hörnchen geformt im Backofen backen oder den Teig im Ganzen zu einem pikanten Joghurtbrot im Automaten backen.

Gesundheit

Rosinen sind in der Sonne getrocknete Weinbeeren. Sie enthalten konzentrierte Süße, da der Wassergehalt auf weniger als 15 Prozent von ursprünglich 75 Prozent reduziert wurde. Es gibt geschwefelte Rosinen, die durch den Schwefel eine gleich bleibende goldgelbe Farbe und längere Haltbarkeit besitzen. Für eine natürliche Vollwertkost sollten Sie jedoch im Naturkostladen oder Reformhaus ungeschwefelte Ware bevorzugen. Es gibt außerdem Menschen, die auf geschwefelte Lebensmittel, gerade bei Dörrobst allergisch reagieren. 100 g Rosinen enthalten zwar fast 300 kcal – zwischendurch als Snack bewahren sie Sie allerdings vor einer möglichen Heißhungerattacke.

1. Die beiden Mehlsorten in einer Schüssel vermischen und in der Mitte eine Vertiefung formen. Hefe und Zucker einrieseln und mit Milch verrühren. Die Schüssel mit einem Tuch abdecken und den Vorteig 30 Minuten ruhen lassen.
2. Den Vorteig mit Vanillejoghurt, Backpulver, Salz sowie mit den Sultaninen zu einem geschmeidigen Teig kneten. Den Teig abdecken und 1 Stunde ruhen lassen.
3. Den Backofen auf 220 °C (Umluft 200 °C, Gas Stufe 4 ½) vorheizen und ein Backblech mit Butter bestreichen.
4. Den Teig auf einer bemehlten Arbeitsfläche einige Minuten kneten. Dann den Teig in zwölf bis vierzehn Dreiecke schneiden. Diese aufrollen und die Enden zu einem Hörnchen zusammenformen. Auf das Backblech legen und mit dem verquirlten Eigelb bestreichen.
5. Das Backblech auf die mittlere Schiene in den vorgeheizten Backofen schieben und die Hörnchen in 15 bis 20 Minuten backen.

Cornflakes-Brot mit Äpfeln (siehe Foto Seite 89)

1. Das Weizenmehl in eine Schüssel sieben und in der Mitte eine Vertiefung formen. Trockenhefe einrieseln und mit Apfeldicksaft sowie mit Milch verrühren. Die Schüssel mit einem Tuch abdecken und den Vorteig 30 Minuten ruhen lassen.
2. Inzwischen die Cornflakes in ein Küchentuch schlagen und mit dem Fleischklopfer zerbröseln. Den Apfel fein reiben.
3. Den Vorteig mit Cornflakes, geriebenem Apfel, Backpulver und Salz zu einem geschmeidigen Teig kneten. Den Teig abdecken und 1 Stunde ruhen lassen.
4. Den Backofen auf 220 °C (Umluft 200 °C, Gas Stufe 4 ½) vorheizen und ein Backblech mit Butter einfetten.
5. Den Teig auf einer bemehlten Arbeitsfläche einige Minuten kneten und zu einer Kugel formen. Auf das Backblech setzen und etwas flach drücken. Für die Verzierung mit einem Glas in der Mitte der Kugel einen Eindruck stechen. Rundherum mit einem Messer acht Einschnitte machen.
6. Das Backblech auf die mittlere Schiene in den vorgeheizten Backofen schieben und das Cornflakes-Brot in 50 bis 55 Minuten backen.

Für 1 runden Brotlaib:

400 g Weizenmehl
1 Päckchen Trockenhefe
3 EL Apfeldicksaft
250 ml Vollmilch
100 g gemischte Cornflakes (nach Wahl)
¼ Apfel
1 Päckchen Backpulver
1 TL Salz

Außerdem:

Butter für das Backblech
Mehl für die Arbeitsfläche

Brotbackautomat

Typ/Programm: Normal/Brot

Die Milch durch Wasser ersetzen oder halb Milch und halb Wasser vermischen. Cornflakes durch Rosinen ersetzen.

Gesundheit

Der Geschmack von hausgemachtem Brot ist anders als der von gekauftem Bäckerbrot. Man weiß nicht nur exakt, was im Brot enthalten ist, sondern das selbst gemachte Brot hat auch eine andere Konsistenz: Hausgemachte Brote ähneln in Form und Kompaktheit eher Kuchen. Daher können Sie von hauseigenen Broten in der Regel auch nur halb so viel essen. Damit Ihr Brot nicht allzu lange gelagert werden muss, einfach einen Teil in Scheiben schneiden und portionsweise einfrieren. Oder Sie haben eine große Familie – dann gibt es immer frisches Brot.

Für 10 Brioche-Förmchen:
300 g Dinkelvollkornmehl
½ frischer Hefewürfel (ca. 20 g)
2 EL Honig
100 ml Milch
100 g entsteinte Backpflaumen
3 Eigelbe (Größe M)
100 g weiche Butter
½ TL Salz

Außerdem:
Butter für die Förmchen
Mehl für die Arbeitsfläche
1 verquirltes Eigelb (Größe L)

Brotbackautomat

Typ/Programm: Normal/Teig

Den fertigen Teig aus dem Brotbackautomaten nehmen, formen und im Backofen backen.

Brioches mit Backpflaumen (im Foto, vorne)

1. Das Dinkelvollkornmehl in eine Schüssel sieben und in der Mitte eine Vertiefung formen. Die Hefe einbröckeln und mit Honig sowie mit Milch verrühren. Die Schüssel mit einem Tuch abdecken und den Vorteig 30 Minuten ruhen lassen.
2. Inzwischen die Backpflaumen sehr fein hacken. Den Vorteig mit den Eigelben, der Butter, dem Salz sowie den Backpflaumen zu einem geschmeidigen Teig kneten. Den Teig abdecken und 1 Stunde ruhen lassen.
3. Den Backofen auf 200 °C (Umluft 180 °C, Gas Stufe 3–4) vorheizen und die speziellen Brioches-Förmchen mit Butter ausstreichen.
4. Den Teig auf einer bemehlten Arbeitsfläche einige Minuten kneten und in etwa zehn Portionen teilen. Von jeder Teigportion eine kleine Kugel abnehmen und aus diesem ein Kügelchen formen.
5. Je eine große Teigkugel in ein Brioche-Förmchen geben, mit dem Zeigefinger mittig eine leichte Vertiefung formen und darauf ein Kügelchen drücken. Alle Brioches mit dem verquirlten Eigelb bestreichen und die Förmchen auf ein Backblech stellen. Auf der mittleren Schiene im vorgeheizten Backofen 25 bis 30 Minuten backen.

Gesundheit

Die Brioches sind relativ sättigend und schmecken auch aufgewärmt sehr gut. Die Backpflaumen helfen Ihrer Verdauung auf die Sprünge. Backpflaumen sind nichts anderes als getrocknete Pflaumen. Beim Trocknen – früher in der Sonne, heute in speziellen Öfen, in denen sie drei bis vier Tage trocknen – verlieren sie über 80 Prozent ihres Wassergehaltes. Die Süße schmeckt dadurch konzentriert und die Backpflaumen eignen sich hervorragend als süßer, gesunder Snack für zwischendurch.

Weizenflockenbrot mit Tomaten

Für 1 Brotlaib:

250 g Weizenmehl
200 g Weizenvollkorn-flocken
½ frischer Hefewürfel (ca. 20 g)
1 Prise brauner Zucker
300 ml lauwarmes Wasser
100 g getrocknete, in Olivenöl eingelegte Tomaten
½ TL Salz

Außerdem:

Butter für das Backblech
Mehl für die Arbeitsfläche

Brotbackautomat

Typ/Programm: Normal/Brot

1. Weizenmehl und Weizenvollkornflocken in einer Schüssel vermischen und in der Mitte eine Vertiefung formen. Die Hefe einbröckeln und mit Zucker sowie mit Wasser vermischen. Die Schüssel mit einem Tuch abdecken und den Vorteig 30 Minuten ruhen lassen.
2. Inzwischen die Tomaten mit Küchenpapier trockentupfen und sehr fein würfeln.
3. Den Vorteig mit Salz zu einem Teig kneten, erst dann die Tomatenwürfelchen unterkneten. Den Teig abdecken und 1 Stunde ruhen lassen.
4. Den Backofen auf 220 °C (Umluft 200 °C, Gas Stufe 4½) vorheizen und ein Backblech mit Butter einfetten.
5. Den Teig auf einer bemehlten Fläche einige Minuten kneten und zu einem Laib formen. Auf das Backblech legen und 10 Minuten ruhen lassen.
6. Das Backblech auf die mittlere Schiene in den vorgeheizten Backofen schieben und das Brot in 55 bis 60 Minuten backen. Während der Backzeit die Oberfläche des Brotes ein- bis zweimal mit Wasser bepinseln.

Tipp

Sie können das Brot auch so formen, dass es in eine Kastenform passt. Die Oberfläche des Teiges dabei ein paarmal mit der Gabel einstechen.

Weizenbrötchen mit Aprikosen

Für 6 Brötchen:
500 g Weizenmehl
½ frischer Hefewürfel (ca. 20 g)
1 Prise Zucker
300 ml lauwarmes Wasser
100 g getrocknete Aprikosen
2 EL Orangensaft
½ TL Salz

Außerdem:
Butter für das Backblech
Mehl für die Arbeitsfläche

Brotbackautomat

Typ/Programm: Normal/Brot

Für ein Brot aus dem Automaten anstatt 300 ml Wasser 320 ml verwenden.

1. Das Weizenmehl in eine Schüssel sieben und in der Mitte eine Vertiefung formen. Die Hefe einbröckeln und mit Zucker sowie mit Wasser verrühren. Die Schüssel mit einem Tuch abdecken und den Vorteig 30 Minuten ruhen lassen.
2. Inzwischen die Aprikosen sehr fein würfeln und mit Orangensaft beträufeln.
3. Den Vorteig mit Salz zu einem Teig kneten und erst dann die Aprikosen unterkneten. Den Teig abdecken und 1 Stunde ruhen lassen.
4. Den Backofen auf 220 °C (200 °C Umluft, Gas Stufe 4 ½) vorheizen und ein Backblech mit Butter einfetten.
5. Den Teig auf einer bemehlten Arbeitsfläche einige Minuten kneten und in sechs Portionen teilen. Jede Teigportion mehrmals kneten, zu einer Kugel formen und auf der Oberfläche platt zu einem Brötchen drücken. Jedes Brötchen kreuzweise einritzen, mit Wasser bepinseln und auf ein Backblech legen; nochmals 10 Minuten gehen lassen.
6. Das Backblech auf die mittlere Schiene in den vorgeheizten Backofen schieben und die Brötchen in 30 bis 35 Minuten backen.

Tipp

Die Brötchen eng aneinander wie zu einem Kranz oder Kreis auf das Backblech geben. In die Mitte ein Brötchen setzen, sodass die fertig gebackenen Brötchen aneinander kleben.

Brote mit verschiedenen Gewürzen

Glutenfreies Gewürzweißbrot

1. Die Maisstärke mit Tartex Biobin, Backpulver, Meersalz und dem Brotgewürz vermischen.
2. Die Hefe mit Traubenzucker und 3 Esslöffeln Wasser verrühren; etwa 10 Minuten ruhen lassen.
3. Den Backofen auf 220 °C (Umluft 200 °C, Gas Stufe 4½) vorheizen und eine Kastenform mit Butter einfetten.
4. Nun alle Zutaten mit dem Wasser gründlich verrühren und den Teig in die Form füllen.
5. Die Form auf die mittlere Schiene in den vorgeheizten Backofen schieben und das Brot in 50 bis 55 Minuten backen.

Gesundheit

Menschen, die an einer Gluten-Unverträglichkeit leiden, können keine Mehle bzw. Brote essen, in denen das Klebereiweiß (Gluten) vorhanden ist. Leider ist das bei allen gängigen Getreidesorten der Fall, Allergiker müssen also auf glutenarmen Reis, Buchweizen oder Mais ausweichen. Damit Brote basierend auf diesen Mehlen auch beim Backen entsprechend binden können, bedarf es einiger Hilfsmittel: Tartex Biobin, ein pflanzliches Bindemittel, ist wegen seiner hohen Quellfähigkeit zu empfehlen. Interessant für Diabetiker: Tartex Biobin ist cholesterinfrei und wird bei den Broteinheiten nicht angerechnet.

Für 1 Kastenform von 2 Liter Inhalt:

300 g Maisstärke
10 Messlöffel Tartex Biobin
1 Päckchen Backpulver
¼ TL Meersalz
1 EL Brotgewürz
1 Päckchen Trockenhefe
1 EL Traubenzucker
300 ml lauwarmes Wasser

Außerdem:

Butter für die Form

Brotbackautomat

Typ/Programm: Normal/Brot

Zwiebelring mit Majoran

Für 1 Ringbrot:

2 Zwiebeln
3 EL Pflanzenöl
1 EL Kümmel
250 g Weizenvollkornmehl
100 g Dinkelvollkornmehl
1 Päckchen Trockenhefe
1 TL Honig
200 ml lauwarmes Wasser
1 Msp. gemahlene Muskatnuss
1 Msp. Paprikapulver
1 Msp. gemahlener Pfeffer
1 EL getrockneter Majoran
1 TL Meersalz

Außerdem:

Butter für das Backblech
Mehl für die Arbeitsfläche

Brotbackautomat

Typ/Programm: Normal/Brot

1 Päckchen Trockenhefe
200 g Weizenmehl
200 g Roggenmehl
1 EL Majoran, 1 TL Kümmel
100 g gedünstete und kalte Zwiebelwürfel
1 TL Meersalz
1 TL Aceto balsamico
1 EL Sonnenblumenöl
300 ml Buttermilch

1. Die Zwiebeln schälen, fein hacken und in heißem Pflanzenöl einige Minuten hell dünsten. Mit Kümmel würzen und abkühlen lassen.
2. Inzwischen die beiden Mehlsorten in einer Schüssel vermischen und in der Mitte eine Vertiefung formen.
3. Die Hefe einrieseln und mit Honig sowie mit Wasser verrühren. Die Schüssel mit einem Tuch abdecken und den Vorteig 30 Minuten ruhen lassen.
4. Den Vorteig mit den Zwiebeln und den Gewürzen zu einem elastischen Teig kneten. Abdecken und 1 Stunde ruhen lassen.
5. Den Backofen auf 220 °C (200 °C, Gas Stufe 4½) vorheizen und ein Backblech mit Butter einfetten.
6. Den Teig auf einer bemehlten Arbeitsfläche kneten und zu einer etwa 4 cm dicken Rolle formen. Diese auf das Backblech legen, zu einem Kreis formen und die Enden verschließen. Das Brot mit Wasser besprühen und 10 Minuten ruhen lassen.
7. Das Backblech auf die mittlere Schiene in den vorgeheizten Backofen schieben und den Zwiebelring in 40 bis 45 Minuten backen.

Gesundheit

Bei Broten mit frischen Zwiebeln wird immer Kümmel als Gewürz zugesetzt. Der Grund liegt darin, dass der Zwiebelgenuss zu Blähungen führen kann, dies aber wohltuend durch den Kümmel besänftigt wird.
Frisch geriebene Muskatnuss verströmt einen ganz besonderen Duft. Die Wirkung ist aber sehr vielseitig: von erfrischend bis einschläfernd – je nachdem, in welcher Form und Temperatur das Gewürz verwendet wird. Im Zwiebelring beruhigend und ausgleichend, im Punsch einschläfernd und frisch gerieben über rohem Spinat löst es Aktivität aus.

Wohlfühlbrot

Gesundheit
In diesem Wohlfühlbrot ist alles enthalten, was ein gutes Brot braucht: Ballaststoffe, gute Kohlenhydrate und eine duftende Palette von Gewürzen. Besonders Anis ist als Brotgewürz bekannt. Er riecht und schmeckt würzig-süßlich – weshalb er sich auch als Aphrodisiakum einen Namen gemacht hat. Das einjährige Kraut wird weltweit in warmen klimatischen Zonen angebaut. Die rundlichen bis birnenförmigen Spaltfrüchte enthalten wie Fenchel knapp 3 Prozent ätherische Öle, bestehend aus 90 Prozent Anethol und insgesamt 10 Prozent Isoanethol und Anisaldehyd. Anis gilt als harntreibend, Anistee wird oft bei Nierenbeschwerden empfohlen.

1. Das Weizenvollkornmehl und Weizenmehl in einer Schüssel vermischen und in der Mitte eine Vertiefung formen. Die Hefe einbröckeln und mit Zucker sowie mit Wasser verrühren. Die Schüssel mit einem Tuch abdecken und den Vorteig 30 Minuten ruhen lassen.
2. Den Vorteig mit Sonnenblumenöl und den Gewürzen zu einem geschmeidigen Teig kneten. Den Teig abdecken und 1 Stunde ruhen lassen.
3. Den Backofen auf 220 °C (Umluft 200 °C, Gas Stufe 4½) vorheizen und eine Kastenform mit Butter einfetten.
4. Den Teig auf einer bemehlten Arbeitsfläche kneten und in die Kastenform füllen; nochmals 10 Minuten gehen lassen.
5. Die Form auf die mittlere Schiene in den vorgeheizten Backofen schieben und das Brot in etwa 50 Minuten backen.

Für 1 Kastenform von 2 Liter Inhalt:

250 g Weizenvollkornmehl
250 g Weizenmehl
1 frischer Hefewürfel (42 g)
1 TL brauner Zucker
250 ml lauwarmes Wasser
3 EL Sonnenblumenöl
1 TL gestoßener Anis
1 TL gestoßener Kümmel
1 TL gestoßener Fenchelsamen
2 EL fertiges Brotgewürz

Außerdem:

Butter für die Form
Mehl für die Arbeitsfläche

Brotbackautomat

Typ/Programm: Normal/Brot

320 ml anstatt 250 ml Wasser hinzufügen.

Für 1 Brotkranz:
400 g Dinkelvollkornmehl
1 Päckchen Trockenhefe
1 TL brauner Zucker
50 ml lauwarmes Wasser
300 g Buttermilch
1 TL gemahlener Anis
1 Msp. gemahlener Kurkuma (Gelbwurz)
1 TL Fenchelsamen
1 TL Kräutersalz

Außerdem:
Butter für das Backblech
Mehl für die Arbeitsfläche
2 EL Dinkelvollkornmehl

Brotbackautomat

Typ/Programm: Vollwert/Brot

Zusätzlich 100 g fein gewürfelte, eingelegte Artischockenherzen unter den Teig geben. Das Brot wird noch geschmackvoller und luftiger.

Gesundheitsbrot mit Buttermilch (im Foto)

1. Das Dinkelvollkornmehl in eine Schüssel sieben und in der Mitte eine Vertiefung formen. Die Hefe und den Zucker einrieseln und alles mit Wasser sowie mit Buttermilch verrühren. Die Schüssel abdecken, den Vorteig 30 Minuten ruhen lassen.
2. Den Teig mit dem restlichen Mehl vom Rand, Anis, Kurkuma, Fenchelsamen und Kräutersalz zu einem weichen Teig kneten. Den Teig abdecken und 1 Stunde ruhen lassen.
3. Den Backofen auf 220 °C (Umluft 200 °C, Gas Stufe 4 ½) vorheizen und ein Backblech mit Butter einfetten.
4. Den Teig auf einer bemehlten Arbeitsfläche kneten und in sieben Portionen teilen. Jede Teigportion zu Kugeln drehen, in Dinkelmehl drehen und auf das Backblech dicht aneinander in Kranzform legen. Jedes Teigstück mit einem Messer längs einschneiden. Nochmals für 10 Minuten gehen lassen.
5. Das Backblech auf die mittlere Schiene in den vorgeheizten Backofen schieben und den Brotkranz in 35 bis 40 Minuten knusprig backen.

Gesundheit

Gewürze als Geschmacksbeigabe im Brot sind wichtig. Dafür eignen sich am besten Teile von Pflanzen, die sehr aromatisch oder auch scharf schmecken. Diese werden getrocknet, gemahlen, geröstet oder im Ganzen belassen, wie z. B. die Muskatnuss. Doch Gewürze haben weit mehr Aufgaben, als nur Geschmack zu geben: Sie wirken speichelanregend, teilweise verdauungsfördernd und vor allem gesundheitsfördernd durch die Anregung der inneren Organe.

Und noch ein Hinweis: Damit die Gewürze bzw. deren Öle, Alkaloide und Gerbstoffe auch entsprechend wirken können, müssen sie frisch sein. Auch Gewürze haben eine Haltbarkeitsgrenze, die nicht überschritten werden sollte, wenn einem die Wirkung und der Genuss wichtig sind.

Weizenschrotbrot mit Soja

Zutaten für 1 Brot:

300 g Weizenschrot
100 g Sojaschrot
1 Päckchen Trockenhefe
1 TL brauner Zucker
300 ml lauwarmes Wasser
1 Beutel Natursauerteig (150 g)
1 EL zerstoßener Koriander
1 TL Anis

Außerdem:

Butter für das Backblech
Mehl für die Arbeitsfläche

Brotbackautomat

Typ/Programm: Vollwert/Brot

1 Päckchen Trockenhefe
1 TL brauner Zucker
200 g Weizenmehl
200 g grob gemahlener Weizenschrot
1 Päckchen Backpulver
1 EL fein gehackte Haselnüsse
50 g Sojaschrot
2 EL Sonnenblumenöl
1 TL Brotgewürz
1 TL Salz
320 ml Wasser

Gesundheit

Sojamehl oder geschrotener Soja enthält kein Gluten und ist deshalb für Allergiker zu empfehlen. Allerdings gehen Brote mit glutenfreien Mehlen nicht so gut auf, weil das Klebereiweiß fehlt. Abhilfe kann durch pflanzliche Triebmittel, wie z.B. Tartex Biobin, geschaffen werden. Entsprechende glutenfreie Rezepte finden Sie in diesem Buch auf den Seiten 42, 82 und 93. Das Weizenschrotbrot mit Soja ist ein sehr gesundes Brot, mit vielen Ballaststoffen, hochwertigen Kohlenhydraten und hochwertigem Eiweiß.

Soja, eine der ältesten Kulturpflanzen der Welt, ist vor allem für Vegetarier einer der wichtigsten Eiweißträger. Zum Vergleich: 500 g gekochte Sojabohnen enthalten so viel Eiweiß wie 250 g Fleisch oder Fisch.

1. Weizenschrot und Sojaschrot in einer Schüssel vermischen und in der Mitte eine Mulde formen. Die Hefe sowie den Zucker einrieseln und mit Wasser verrühren. Die Schüssel mit einem Tuch abdecken und den Vorteig 30 Minuten ruhen lassen.
2. Den Vorteig mit Natursauerteig, Koriander und Anis zu einem festen Teig kneten. Abdecken und 1 Stunde ruhen lassen.
3. Den Backofen auf 220 °C (Umluft 200 °C, Gas Stufe 4 ½) vorheizen und ein Backblech mit Butter einfetten.
4. Den Teig auf einer bemehlten Arbeitsfläche einige Minuten kneten und zu einem Brotlaib formen, auf das Backblech legen und nochmals 10 Minuten ruhen lassen.
5. Das Backblech auf die mittlere Schiene in den vorgeheizten Backofen schieben und das Brot in 55 bis 60 Minuten backen.

Pumpernickel mit grünem Pfeffer

1. Weizenschrot und Roggenschrot zusammen mit dem Wasser in einer Schüssel vermischen. Die Schüssel abdecken und den Schrot 3 bis 4 Stunden quellen lassen.
2. Die Hefe sowie den Rübensirup unter den gequollenen Schrot rühren. Die Schüssel abdecken und den Vorteig 30 Minuten gehen lassen.
3. Den Vorteig mit Meersalz, Kümmel, Pfefferkörnern, Butter und dem Weizenvollkornmehl zu einem feuchten Teig kneten. Den Teig abdecken und 1 Stunde ruhen lassen.
4. Den Backofen auf 220 °C (Umluft 200 °C, Gas Stufe 4 ½) vorheizen und eine Kastenform mit Butter einfetten.
5. Den Teig in die Form füllen und auf die mittlere Schiene im vorgeheizten Backofen schieben. Die Backzeit beträgt 55 bis 60 Minuten.

Gesundheit

Rübensirup hat einen hohen Eisen- und Mineralstoffgehalt und ist daher für Kinder, für ältere oder für körperlich schwer arbeitende Menschen als gelegentlicher Brotaufstrich sehr empfehlenswert. Doch Vorsicht: Rübensirup enthält über 60 Prozent Zucker. Die dunkle Farbe entsteht beim Einkochen der gereinigten und zerkleinerten Rüben.

Die Würzkraft des grünen Pfeffers im Pumpernickel ist keineswegs eine scharfe, sondern eine würzig angenehme Fruchtigkeit, die dem Gaumen schmeichelt. Um in diesen Genuss zu kommen, werden grüne Pfefferkörner unreif geerntet und in Essig eingelegt.

Für 1 Kastenform mit 2 Liter Inhalt:

300 g Weizenschrot
150 g Roggenschrot
600 ml lauwarmes Wasser
½ frischer Hefewürfel (ca. 20 g)
1 EL Rübensirup
1 ½ TL Meersalz
½ TL gemahlener Kümmel
2 EL abgetropfte grüne Pfefferkörner
1 EL weiche Butter
200 g Weizenvollkornmehl

Außerdem:

Butter für die Form

Brotbackautomat

Typ/Programm: Vollwert/Brot

1 Päckchen Trockenhefe
1 EL Rübensirup
350 g Weizenvollkornmehl
100 g Roggenmehl
1 Päckchen Backpulver
2 EL Butter
2 EL abgetropfte grüne Pfefferkörner, 1 ½ TL Meersalz, ½ TL gemahlener Kümmel, 100 g Buttermilch
200 ml Wasser

Für 1 großes Fladenbrot:

250 g Weizenvollkornmehl
250 g Weizenmehl
1 Päckchen Trockenhefe
1 TL Zucker
50 ml lauwarmes Wasser
250 ml Vollmilch
1 EL Kräutersalz
1 Msp. gemahlener Kurkuma (Gelbwurz)
½ TL gemahlener Curry
¼ TL Tabasco Sauce
2 kräftige Prisen schwarzer Pfeffer
1 TL getrockneter Thymian

Außerdem:

Butter für das Backblech
Mehl für die Arbeitsfläche

Brotbackautomat

Typ/Programm: Normal/Brot

Bereiten Sie den Teig mit dem Programm »Teig« im Automaten zu und backen daraus einen Fladen im Backofen.

Milchfladenbrot mit fünf Gewürzen (im Foto, vorne)

1. Die beiden Mehlsorten in einer Schüssel vermischen und in der Mitte eine Vertiefung formen. Trockenhefe und Zucker einrieseln und mit Wasser sowie mit Milch verrühren. Die Schüssel mit einem Tuch abdecken und den Vorteig 30 Minuten ruhen lassen.
2. Den Vorteig mit dem restlichen Mehl vom Rand sowie mit den Gewürzen zu einem weichen Teig verarbeiten. Den Teig abdecken und 1 Stunde ruhen lassen.
3. Den Backofen auf 220 °C (Umluft 200 °C, Gas Stufe 4 ½) vorheizen und ein Backblech mit Butter einfetten.
4. Den Teig auf einer bemehlten Arbeitsfläche kneten und zu einer Kugel formen. Diese mit dem Teigroller zu einem etwa 2 cm dicken Fladen auswellen. Auf ein Backblech legen und 10 Minuten ruhen lassen.
5. Den Fladen mit einem Messer gitterartig einschneiden und leicht mit Wasser bepinseln. Das Backblech auf die mittlere Schiene in den vorgeheizten Backofen stellen und den Fladen in etwa 30 Minuten knusprig backen.

Gesundheit

Curry ist in Indien ein Gericht, in dem die ganze Vielfalt der indischen Gewürze zur Geltung kommt. Bei uns versteht man unter Curry eine Gewürzmischung, die aus mindestens sieben Zutaten bestehen muss, aber auch aus bis zu vierzig Gewürzen bestehen kann. Es gibt unzählige Mischungen – von mild und sanft bis hin zu höllisch scharf. Bevorzugen Sie eine harmonische Mischung, bei der die einzelnen Gewürze noch die Chance haben hervorzuschmecken, und nicht eine scharfe Variante, in der Chili dominiert.

Für 1 Savarin- oder Gugelhupfform:

500 g Dinkelvollkornmehl
200 g Maismehl
1 frischer Hefewürfel (42 g)
1 TL Honig
450 ml lauwarmes Wasser
3 cm frische Ingwerwurzel
1 EL Meersalz
2 EL weiche Butter

Außerdem:

Butter und 50 g Sesamsamen für die Form
Mehl für die Arbeitsfläche

Brotbackautomat

Typ/Programm: Normal/Brot

250 g Dinkelvollkornmehl
250 g Maismehl
1 Päckchen Trockenhefe
1 TL Honig
320 ml Wasser
3 cm frisch geraspelte Ingwerwurzel
1 EL Butter
1 TL Meersalz

Maisbrotkuchen mit Ingwer (siehe Foto Seite 101, hinten)

Gesundheit

Viele Menschen, die weder Zwiebeln noch Knoblauch mögen, schwören auf frischen Ingwer. Er ist durchaus als Ersatz zu sehen, wenn er auch einen völlig anderen Geschmack hat, der von mild bis höllisch scharf reichen kann – je nach Dicke der wurzelähnlichen Pflanze. Die typischen scharfen Inhaltsstoffe und die aromatischen Öle (bis zu 4 Prozent) im Ingwer regen die Galle an und erleichtern die Fettverdauung. Ingwer wirkt auch kreislauffördernd und blutverdünnend. Man sollte beim Ingwer immer die frische Wurzel verwerten und möglichst auf pulverisierten Ingwer verzichten, denn die Wirkstoffe verflüchtigen sich bzw. das Pulver »raucht aus«.

1. Dinkelvollkornmehl und Maismehl in einer Schüssel versieben und in der Mitte eine Vertiefung formen. Die Hefe einbröckeln und mit Honig sowie mit Wasser verrühren. Die Schüssel mit einem feuchten Tuch abdecken und den Vorteig 30 Minuten ruhen lassen.
2. Inzwischen den Ingwer schälen und auf einer Küchenreibe fein raspeln.
3. Den Vorteig mit dem restlichen Mehl vom Rand, Ingwer, Meersalz und Butter zu einem weichen, leicht klebrigen Teig kneten. Den Teig abdecken und 1 Stunde ruhen lassen.
4. Die Backform mit Butter einfetten und mit Sesamsamen ausstreuen. Den Teig auf einer bemehlten Arbeitsfläche gut kneten und in die Form drücken; nochmals 15 Minuten gehen lassen.
5. Den Backofen auf 220 °C (Umluft 200 °C, Gas Stufe 4½) vorheizen und die Backform auf die mittlere Schiene in den vorgeheizten Ofen stellen. Die Backzeit beträgt 35 bis 40 Minuten.
6. Das fertige Brot aus der Form stürzen und nochmals für 5 Minuten in den auf 180 °C Temperatur reduzierten Backofen legen.

Kreuzkümmelbrot mit Möhren

Für 1 Kastenform von 2 Liter Inhalt:

500 g Weizenvollkornmehl
½ frischer Hefewürfel (ca. 20 g), 1 EL Honig
100 ml lauwarmes Wasser
300 g Möhren, 2 TL Meersalz
1 TL Zitronensaft
¼ TL gem. Kreuzkümmel
je 1 Msp. gem. Kurkuma und Kardamom
1 Msp. grob geschroteter schwarzer Pfeffer
2 EL weiche Butter
50 ml lauwarme Milch

Außerdem:

Butter für die Form

1. Das Weizenvollkornmehl in eine Schüssel sieben und in der Mitte eine Vertiefung formen. Die Hefe einbröckeln und mit Honig sowie mit Wasser verrühren. Die Schüssel mit einem Tuch abdecken und den Vorteig 30 Minuten ruhen lassen.
2. Inzwischen die Möhren waschen, schälen und auf einer Küchenreibe fein raspeln; mit Zitronensaft beträufeln.
3. Den Vorteig mit Möhren, Meersalz, Kreuzkümmel, Kurkuma, Kardamom, Pfeffer, Butter und Milch zu einem feuchten Teig kneten. Den Teig abdecken und 1 Stunde ruhen lassen.
4. Den Backofen auf 220 °C (Umluft 200 °C, Gas Stufe 4½) vorheizen und eine Kastenform mit Butter einfetten.
5. Den Teig in die Form füllen und nochmals 10 Minuten gehen lassen.
6. Die Form auf die mittlere Schiene in den vorgeheizten Backofen schieben und das Brot in 55 bis 60 Minuten backen.

Gesundheit

Gelbwurz (Curcuma longa) bzw. Kurkuma oder Safranwurz ist eine in Südasien beheimatete Staude. Sie liefert mit ihrem stärkereichen Rhizom ein Gewürz, dessen auffallend gelbe Farbe auf das Pigment Curcumin zurückzuführen ist. Die dem Ingwer ähnliche Knolle besitzt einen schwach bitteren, aber brennend scharfen Geschmack. Zur Herstellung von gemahlenem Kurkuma wird das Rhizom gekocht – dabei wird es gelb –, getrocknet, die Rinde abgerieben und der verbleibende Zentralzylinder gemahlen. Dieses gelbe Pulver bildet die Hauptfarbe von Curry-Gewürzmischungen. Die Zusammenstellung der Gewürze im Kreuzkümmelbrot ist sehr ausgeglichen und äußerst magenfreundlich.

Brotbackautomat

Typ/Programm: Normal/Brot

1 Päckchen Trockenhefe
1 EL brauner Zucker
200 g Weizenvollkornmehl
200 g Weizenmehl
1 EL Butter, 100 g fein geraspelte Möhren
2 TL Meersalz
1 Msp. schwarzer geschrotener Pfeffer
1 Msp. gem. Kreuzkümmel
240 ml lauwarme Milch

Für 4 kurze Baguettes:
100 g Dinkelvollkornmehl
100 g Weizenvollkornmehl
100 g Roggenvollkornmehl
½ frischer Hefewürfel (ca. 20 g)
1 TL Honig
150 ml lauwarmes Wasser
1 TL ganze Kümmelsamen
1 TL gemahlene Kümmelsamen
½ TL Meersalz
3 EL Sonnenblumenöl

Außerdem:
Mehl für die Arbeitsfläche
Butter für das Backblech

Brotbackautomat

Typ/Programm: Vollwert/Brot

Für ein Kümmelbrot aus dem Brotbackautomaten nur 1 EL Sonnenblumenöl und wie immer Trockenhefe verwenden. Sollten Sie die Form der Baguettes bevorzugen, dann müssen Sie das Programm »Normal/Teig« wählen und den Teig, wie im Rezept beschrieben, formen und im Ofen backen.

Vollkornbaguettes mit Kümmel (im Foto)

1. Die drei Mehlsorten in einer Schüssel vermischen und in der Mitte eine Vertiefung formen. Die Hefe einbröckeln, mit Honig und Wasser verrühren. Die Schüssel mit einem Tuch abdecken und den Vorteig 30 Minuten ruhen lassen.
2. Den Vorteig mit ganzem und gemahlenem Kümmel, Meersalz und Sonnenblumenöl zu einem geschmeidigen Teig kneten. Den Teig abdecken und 1 Stunde ruhen lassen.
3. Den Teig auf einer bemehlten Arbeitsfläche einige Minuten kneten und in vier Portionen teilen. Jede Teigportion nochmals kneten und diese zu etwa 10 cm langen Rollen formen; nochmals 10 Minuten gehen lassen.
4. Den Backofen auf 220 °C (Umluft 200 °C, Gas Stufe 4½) vorheizen und ein Backblech mit Butter einfetten. Die Teigrollen auf das Blech legen, mit einem Messer schräg drei- bis viermal einschneiden. Das Backblech auf die mittlere Schiene des Backofens schieben und die Baguettes in 15 bis 20 Minuten backen.

Gesundheit

Kümmel (Carum carvi), im Englischen »caraway« und im Französischen »cumin«, wird von den Europäern so geliebt und im Dauereinsatz in der Küche verwendet, weil diese Pflanze in Deutschland und Holland angebaut wird. Kümmel riecht sanft, schmeckt aber beißend scharf. Die Samen enthalten bis zu 7 Prozent ein ätherisches Öl, das zu etwa 80 Prozent aus Carvon und etwa 20 Prozent Limonen besteht. Die Wirkung dieses Öls ist appetitanregend, durchblutungsfördernd, sogar krampflösend und wohltuend für den Magen-Darm-Trakt. Bei Speisen, die besonders fetthaltig sind, wird traditionell meist Kümmel beigemischt. Bei Brot ist Kümmel ein wichtiger Geschmacksträger, aber auch als »prophylaktische Gesundheits-Feuerwehr« im Einsatz.

Grahambrot mit Kreuzkümmel

Für 1 Kastenform von 2 Liter Inhalt:

400 g Weizenvollkornmehl
100 g Weizenmehl
½ frischer Hefewürfel (ca. 20 g)
1 TL Honig
100 ml lauwarmes Wasser
1½ TL Meersalz
1 EL Kreuzkümmelsamen
300 ml lauwarme Milch

Außerdem:

Butter für die Form
Mehl für die Arbeitsfläche

Brotbackautomat

Typ/Programm: Vollwert/Brot

1. Das Weizenvollkornmehl und das Weizenmehl in einer Schüssel vermischen und in der Mitte eine Vertiefung formen. Die Hefe einbröckeln und mit Honig sowie mit Wasser verrühren. Die Schüssel mit einem Tuch abdecken und den Vorteig 30 Minuten ruhen lassen.
2. Den Vorteig mit Meersalz, Kreuzkümmelsamen und lauwarmer Milch zu einem elastischen, leicht klebrigen Teig kneten. Den Teig abdecken und 1 Stunde ruhen lassen.
3. Den Backofen auf 220 °C (Umluft 200 °C, Gas Stufe 4½) vorheizen und eine Kastenform mit Butter einfetten.
4. Den Teig auf einer bemehlten Arbeitsfläche einige Minuten kneten, zu einer Rolle formen und in die Form legen; nochmals 10 Minuten gehen lassen.
5. Die Form auf die mittlere Schiene in den vorgeheizten Backofen schieben und das Brot in 55 bis 60 Minuten backen.

Gesundheit

Kreuzkümmel (Kumin) gleicht optisch und geschmacklich unserem europäischen Kümmel überhaupt nicht – der Name ist etwas irreführend. Tatsächlich stammt der kümmelähnliche Samen aus dem Orient und wird überwiegend in der asiatischen Küche verwendet, inzwischen hat er aber auch Einzug in die europäische Küche gehalten. Der Geschmack der schwarzen Samenkörner ist bitterscharf, der Duft ist kampferähnlich. Seine gesundheitlichen Eigenschaften bestehen in der Wohlbekömmlichkeit der gewürzten Speisen und der verdauungsfördernden Eigenschaften. Folglich wird Kreuzkümmel bei Magenbeschwerden eingesetzt.

Gewürzfladen mit Amaranth

Gesundheit
Amaranth ist glutenfrei und ein Energiebündel an Kalzium, Magnesium, Eiweiß und Eisen. Diese winzigen kleinen Körner sind ein Import aus Lateinamerika und haben in der raffinierten Vollwertküche ihren Platz gefunden.

1. Den Amaranth in 150 ml kochendes Wasser mit einer Prise Salz streuen und bei mittlerer Hitze 20 Minuten garen; den Topf beiseite ziehen.
2. Das Dinkelvollkornmehl in eine Schüssel sieben und in der Mitte eine Vertiefung formen. Die Hefe einbröckeln und mit Zucker sowie mit 150 ml Wasser verrühren. Die Schüssel mit einem Tuch abdecken und den Vorteig 30 Minuten ruhen lassen.
3. Inzwischen das Ghee in einer Pfanne erhitzen und darin die Gewürzmischung unter Schwenken rösten; den Pfanneninhalt an den Mehlrand des Vorteiges geben.
4. Den Amaranth in ein Sieb gießen und abtropfen lassen.
5. Den Vorteig mit Amaranth und restlichem Salz zu einem geschmeidigen Teig kneten. Abdecken und 1 Stunde ruhen lassen.
6. Den Backofen auf 220 °C (Umluft 200 °C, Gas Stufe 4 ½) vorheizen und ein Backblech mit Butter oder Ghee einfetten.
7. Den Teig auf einer bemehlten Arbeitsfläche kneten und in zwei Portionen teilen. Jede Teigportion nochmals kneten und zu einer Platte von etwa ½ cm ausrollen.
8. Die Fladen auf das gefettete Backblech legen und 10 Minuten ruhen lassen.
9. Das Backblech auf die mittlere Schiene in den vorgeheizten Backofen schieben und die Fladen in knapp 30 Minuten backen.

Für 2 Fladen:

50 g Amaranth
300 ml Wasser
½ TL Meersalz
200 g Dinkelvollkornmehl
½ frischer Hefewürfel (ca. 20 g)
1 Prise brauner Zucker
1 EL Ghee (oder geklärte Butter)
1 TL Garam Masala (indische Gewürzmischung)

Außerdem:

Geklärte Butter oder Ghee für das Backblech
Mehl für die Arbeitsfläche

Brotbackautomat

Typ/Programm:
Vollwert/Brot

Lifestyle-Brote

Ciabatta

1. Das Weizenmehl in eine Schüssel sieben und in der Mitte eine Vertiefung formen. Die Hefe einbröckeln und mit Zucker sowie mit Wasser verrühren. Die Schüssel mit einem Tuch abdecken und den Vorteig 30 Minuten ruhen lassen.
2. Den Vorteig mit Meersalz und Olivenöl zu einem geschmeidigen Teig kneten. Die Schüssel abdecken und den Teig 1 Stunde ruhen lassen.
3. Den Teig auf einer bemehlten Arbeitsfläche kneten und zu einer Kugel formen. Diese etwa 3 cm dick auswellen, mit Wasser bepinseln und mit Mehl bestäuben; nochmals 20 Minuten gehen lassen.
4. Den Backofen auf 220 °C (Umluft 200 °C, Gas Stufe 4 ½) vorheizen und ein Backblech mit Mehl bestäuben.
5. Den Brotlaib auf das Backblech legen und auf der mittleren Schiene im vorgeheizten Backofen 25 bis 30 Minuten backen. Auf die unterste Schiene eine Tasse Wasser stellen.

Tipp

Aus dem Teig lassen sich nach Bedarf »Ciabattini« formen, das sind kleine Brotlaibe. Dazu einfach den Teig in vier Portionen teilen, zu Kugeln formen und 3 cm dick auswellen.

Für 1 längliches Brot:

500 g Weizenmehl
½ frischer Hefewürfel
(ca. 20 g)
1 Prise Zucker
150 ml lauwarmes Wasser
1 EL Meersalz
100 ml Olivenöl

Außerdem:

Mehl für die Arbeitsfläche
und zum Bestäuben

Brotbackautomat

Typ/Programm: Normal/Brot

1 Päckchen Trockenhefe
500 g Weizenmehl
1 EL Meersalz
1 TL getrockneter Oregano
50 ml Olivenöl
100 ml Wasser

Fitnessbrot mit Datteln (siehe Foto Seite 113)

Für 1 ovales Brot:
250 g Dinkelvollkornmehl
250 g Weizenvollkornmehl
1 frischer Hefewürfel (42 g)
1 EL Honig
200 ml lauwarmes Wasser
12 frische Datteln
100 ml lauwarme Milch
1 TL Meersalz
2 EL Sesamsamen

Außerdem:
Mehl für die Arbeitsfläche
Butter für das Backblech

Brotbackautomat

Typ/Programm:
Vollwert/Brot, Rosinen

1 Päckchen Trockenhefe
250 g Dinkelvollkornmehl
250 g Weizenvollkornmehl
12 entsteinte und pürierte Datteln
350 ml Milch
1 TL Meersalz
2 EL Sesamsamen

Gesundheit
Dattelfrüchte, von denen es weltweit über 400 verschiedene Sorten gibt, sind hochwertige Lieferanten von Traubenzucker. Drei, vier frische Datteln als Zwischenmahlzeit genossen sind Energiespender und Verdauungshelfer in einem. Noch ein Tipp: Verwenden Sie nicht unbedingt die konservierten Datteln im Plastikpack – diese sind wahre Zuckerbomben, getaucht in Glukosesirup.

1. Die beiden Mehlsorten in einer Schüssel vermischen und in der Mitte eine Mulde formen. Die Hefe einbröckeln und mit Honig sowie mit Wasser verrühren. Die Schüssel mit einem Tuch abdecken und den Vorteig 30 Minuten ruhen lassen.
2. Inzwischen die Datteln entsteinen und im Küchenmixer mit etwas Milch grob pürieren.
3. Den Vorteig mit der restlichen Milch, dem Dattelmus, Meersalz und Sesamsamen zu einem geschmeidigen Teig kneten. Den Teig abdecken und 1 Stunde ruhen lassen.
4. Den Teig auf einer bemehlten Arbeitsfläche einige Minuten kneten und zu einem ovalen Laib formen; nochmals 10 Minuten gehen lassen.
5. Den Backofen auf 220 °C (Umluft 200 °C, Gas Stufe 4 ½) vorheizen und ein Backblech mit Butter einfetten.
6. Den Brotlaib auf das Backblech legen und dieses auf die mittlere Schiene im vorgeheizten Backofen schieben. Die gesamte Backzeit beträgt etwa 50 Minuten, wobei bei der Hälfte der Backzeit die Hitze auf 200 °C reduziert wird.

Vollkorn-Panettone (siehe Foto Seite 113)

Für 2 runde Gratinformen von 10 bis 12 cm Durchmesser:

400 g Dinkelvollkornmehl
½ frischer Hefewürfel (ca. 20 g)
50 g Honig
150 ml lauwarme Milch
1 Päckchen Backpulver
100 g warme Butter
1 Ei (Größe M)
1 Eigelb (Größe M)
1 TL Meersalz
abgeriebene Schale von einer halben unbehandelten Zitrone
100 g Rosinen
50 g gewürfeltes Zitronat und Orangeat

Außerdem:

Butter für die Formen
Backpapier
Mehl für die Arbeitsfläche

1. Das Dinkelvollkornmehl in eine Schüssel sieben und in der Mitte eine Vertiefung formen. Die Hefe einbröckeln und mit Honig sowie mit Milch verrühren. Die Schüssel mit einem Tuch abdecken und den Vorteig 30 Minuten ruhen lassen.
2. Den Vorteig mit Backpulver, Butter, Ei, Eigelb, Meersalz, Zitronenschale, Rosinen, Zitronat und Orangeat zu einem geschmeidigen Teig kneten. Die Schüssel abdecken und den Teig 1 Stunde ruhen lassen.
3. Die Gratinformen mit Butter einfetten und die Ränder mit Backpapier so auslegen, dass das Papier etwa 4 cm über den Formrand herausragt.
4. Den Teig auf einer bemehlten Arbeitsfläche kneten und in zwei Portionen teilen. Jede Teigportion kneten und in eine Gratinform einfüllen. Die Oberflächen mit Wasser bepinseln und nochmals 10 Minuten ruhen lassen.
5. Den Backofen auf 200 °C (Umluft 180 °C, Gas Stufe 3–4) vorheizen. Die Gratinformen auf ein Backblech stellen, auf die mittlere Schiene in den Backofen schieben und 35 bis 40 Minuten backen.

Gesundheit

Wohlfühlen bedeutet auch, seinen süßen Gelüsten nachzukommen, denn Verzicht kann auf Dauer in Unzufriedenheit und Heißhunger umschlagen. Unser Vorschlag: den fertig gebackenen Kuchen scheibchenweise oder portionsweise einfrieren und nach Bedarf auftauen. Am besten im Backofen bei niedriger Temperatur – und Sie werden sich bei einer Tasse Tee einfach nur wohlfühlen.

Brotbackautomat

Typ/Programm: Vollwert/Brot, Rosinen

80 g anstatt 100 g Butter und 50 g anstatt 100 g Sultaninen verwenden.

Für 7 bis 8 Muffins:

250 g Weizenvollkornmehl
1 Päckchen Backpulver
1 EL brauner Zucker
200 ml lauwarme Milch
100 g dunkle Schokolade
1 kleine, reife Banane
2 EL warme Butter
1 Prise Meersalz

Außerdem:

Butter für die Förmchen

Schoko-Muffins mit Banane (im Foto, vorne)

1. Das Weizenvollkornmehl mit Backpulver sowie mit Zucker in einer Schüssel vermischen. Die Milch darüber gießen, die Schüssel abdecken und 10 Minuten stehen lassen.
2. Inzwischen die Schokolade sehr fein reiben. Die Banane schälen und mit der Butter zermusen.
3. Die Mehlmischung mit Schokolade, Bananenmus und Meersalz zu einem weichen Teig rühren.
4. Den Backofen auf 200 °C (Umluft 180 °C, Gas Stufe 3–4) vorheizen und die Förmchen mit Butter ausfetten.
5. Den Teig zu drei Viertel einfüllen, die Förmchen auf ein Backblech stellen und auf die mittlere Schiene in den vorgeheizten Backofen schieben. Die Backzeit beträgt 20 bis 25 Minuten.

Brotbackautomat

Typ/Programm: Normal/Brot

1 Päckchen Trockenhefe
500 g Weizenmehl
1 zerdrückte Banane
1 TL Ahornsirup
100 g Schokoladencrisp zum Backen
1 Ei (Größe M)
1 EL Kakaopulver
1 EL Butter
150 g Sahne
150 ml Wasser

Gesundheit

Zur richtigen Zeit und maßvoll genossen, ist Schokolade Balsam für die Seele. Sie bewirkt in chemischer Kettenreaktion eine höhere Konzentration von Tryptophan im Gehirn, die Folge ist eine erhöhte Serotoninbildung – und Serotonin ist dafür verantwortlich, dass wir uns wohl oder sogar glücklich fühlen. Genießen Sie also Stück für Stück, schmelzend auf der Zunge, alles auskostend – dann reichen auch wenige Gramm, denn 100 g Schokolade beinhalten im Schnitt 500 kcal.

Sodabrot mit Buttermilch (siehe Foto Seite 117, vorne)

Für 1 runden Brotlaib:
500 g Weizenvollkornmehl
1 TL Meersalz
1 TL getrockneter Dillsamen
2 TL Soda (oder phosphatfreies Backpulver)
1 TL brauner Zucker
350 ml Buttermilch

Außerdem:
Mehl für die Arbeitsfläche
Butter für das Backblech

Brotbackautomat

Typ/Programm:
Vollwert/Brot

Soda durch 1 Päckchen Trockenhefe ersetzen und die Flüssigkeit auf 330 ml Buttermilch reduzieren.

1. In einer Schüssel Weizenvollkornmehl, Meersalz, Dillsamen, Soda und Zucker vermischen. Die Buttermilch nach und nach dazurühren und einen homogenen Teig rühren. Dann von Hand einige Minuten auf einer bemehlten Arbeitsfläche kneten, mit einem Tuch abdecken und 10 Minuten ruhen lassen.
2. Den Backofen auf 220 °C (Umluft 200 °C, Gas Stufe 4 ½) vorheizen und ein Backblech mit Butter einfetten.
3. Aus dem Teig eine Kugel formen, etwas flach drücken und mit einem Messer die Oberfläche kreuzweise einschneiden. Den Brotlaib auf das Backblech geben und nochmals 10 Minuten gehen lassen.
4. Das Backblech auf die mittlere Schiene in den vorgeheizten Backofen schieben und das Brot in 25 bis 30 Minuten backen.

Gesundheit

Einige Menschen reagieren auf Hefe allergisch. Dem kann Abhilfe geschaffen werden, indem man die Hefe verträglicher macht, z. B. durch das lange Gären der Hefe im Sauerteig. Brot mit Sauerteig ist wesentlich verträglicher und verdaulicher. In diesem Rezept wird Soda verwendet, das ebenfalls als Backtriebmittel wirkt und verträglicher als Hefe ist.

Backpulverbrot mit Milch (siehe Foto Seite 117, Mitte)

Gesundheit
Die Flüssigkeitszugabe beim Brot ist meistens Wasser – es entsteht ein geschmacksneutrales Brot mit wenig Kalorien. Bei diesem Rezept wird Milch verwendet, was dem Brot einen wesentlich nahrhafteren Charakter bzw. mehr Kalorien beschert. Eine Scheibe davon zum Frühstück gibt Ihnen Kraft und Energie, wogegen Sie bei einem normalen Brot oft zwei Scheiben essen müssen, um satt zu werden. Der Unterschied liegt neben den Zutaten auch darin, dass in gekauften Broten viele Lockerungsmittel eingebacken sind, die das Brot luftiger machen.

1. Das Weizenmehl mit Soda, Meersalz und Zucker vermischen. Nach und nach Butter sowie Milch unterrühren. Den Teig auf einer bemehlten Arbeitsfläche einige Minuten kneten. Mit einem Tuch abdecken und 10 Minuten ruhen lassen.
2. Den Backofen auf 220 °C (Umluft 200 °C, Gas Stufe 4 ½) vorheizen und ein Backblech mit Butter einfetten.
3. Den Teig nochmals kneten, zu einer Kugel formen und diese flach drücken. Mit einem Messer die Oberfläche kreuzweise einschneiden. Das Brot auf das Backblech legen und nochmals 10 Minuten ruhen lassen.
4. Das Backblech auf die mittlere Schiene in den vorgeheizten Backofen schieben und das Brot in 25 bis 30 Minuten backen.

Für 1 runden Brotlaib:
500 g Weizenmehl
2 TL Soda (oder phosphatfreies Backpulver)
1 TL Meersalz
1 TL brauner Zucker
2 EL weiche Butter
250 ml lauwarme Milch

Außerdem:
Mehl für die Arbeitsfläche
Butter für das Backblech

Brotbackautomat
Typ/Programm: Normal/Brot

Soda durch 1 Päckchen Trockenhefe ersetzen.

Für etwa 20 Stück:

500 g Weizenvollkornmehl
2 Päckchen Backpulver
1 ½ TL Meersalz
100 g weiche Butter
150 ml lauwarme Milch
50 ml lauwarmes Wasser
2 EL Rosinen
2 EL gehackte Haselnüsse

Außerdem:

Butter für das Backblech
Mehl für die Arbeitsfläche

Brotbackautomat

Typ/Programm:
Vollwert/Brot

1 Päckchen Trockenhefe
1 TL brauner Zucker
500 g Weizenvollkornmehl
1 TL Backpulver
2 EL Rosinen
2 EL gehackte Haselnüsse
3 EL Butter
1 TL Salz
150 ml Milch
170 ml Wasser

Scones (im Foto, hinten rechts)

1. Weizenvollkornmehl, Backpulver und Meersalz vermischen. Nach und nach Butter, Milch, Wasser, Rosinen und Haselnüsse beimengen und zu einem feuchten Teig verarbeiten. Die Schüssel mit einem Tuch abdecken und den Teig 10 Minuten stehen lassen.
2. Den Backofen auf 220 °C (Umluft 200 °C, Gas Stufe 4 ½) vorheizen und ein Backblech mit Butter einfetten.
3. Den Teig auf einer bemehlten Arbeitsfläche kneten und in etwa zwanzig Portionen teilen. Jede Teigportion nochmals kneten, zu einem Bällchen formen, etwas flach drücken und auf das Backblech legen. Alle Brötchen mit einem Messer kreuzweise einschneiden.
4. Das Backblech auf die mittlere Schiene in den vorgeheizten Backofen schieben, die Scones in 15 bis 20 Minuten backen.

Tipp

Scones stammen ursprünglich aus Schottland und werden aus Mehl, Buttermilch und Backpulver hergestellt. Auf den britischen Inseln werden traditionsgemäß zum Fünf-Uhr-Tee diese Küchlein gereicht – mit Teebutter, Gelees und Schlagsahne.

Gesundheit

Haselnüsse sind fleißige Lieferanten von Eiweiß, Ballaststoffen, Kalium, Kalzium, Phosphor, Magnesium und Eisen. Bevor Sie in der Pause oder zwischendurch zu ungesunden, leeren Kalorien greifen, lieber eine kleine Hand voll Haselnüsse verspeisen. Oder ein Scone zum Tee?

Für 2 längliche Brote:
300 g Roggenschrot
300 g Weizenvollkornmehl
300 g Dinkelvollkornmehl
1 frischer Hefewürfel (42 g)
1 TL brauner Zucker
250 ml lauwarmes Wasser
3 EL Rapsöl oder andere kalt gepresste Öle
150 g Buttermilch
1 EL Salz
2 EL Brotgewürz
Außerdem:
Mehl für die Arbeitsfläche
Butter für das Backblech

Brotbackautomat

Typ/Programm:
Vollwert/Brot

1 Päckchen Trockenhefe
150 g Roggenschrot
150 g Weizenvollkornmehl
150 g Dinkelvollkornmehl
1 EL Zuckersirup
1 EL Brotgewürz
1 TL Backpulver
1 EL Rapsöl
1 TL Salz
320 ml Wasser

Mischbrot mit Leinsamen

Gesundheit
Rapsöl gehört mit zu den sehr gesunden Ölen, denn es wird aus schonend kalt gepresster Saat gewonnen. Der 55-prozentige Gehalt an Ölsäure, Vitamin E und Provitamin A überzeugt. Im Mischbrot mit Leinsamen ist das Rapsöl perfekt im Geschmack.

1. Roggenschrot, Weizenvollkornmehl und Dinkelvollkornmehl in einer Schüssel vermischen und in der Mitte eine Vertiefung formen. Die Hefe einbröckeln, Zucker einrieseln und mit Wasser verrühren. Die Schüssel mit einem Tuch abdecken und 30 Minuten gehen lassen.
2. Den Vorteig mit Rapsöl, Buttermilch, Salz und Brotgewürz zu einem glatten Teig kneten. Die Schüssel abdecken und den Teig 1 Stunde ruhen lassen.
3. Den Teig auf einer bemehlten Arbeitsfläche einige Minuten kneten und dann in zwei Portionen teilen. Jede Teigportion zu länglichen Broten formen, längs in den Mitten etwas einschneiden, mit Wasser bepinseln und nochmals 10 Minuten ruhen lassen.
4. Den Backofen auf 220 °C (Umluft 200 °C, Gas Stufe 4 ½) vorheizen und ein Backblech mit Butter einfetten.
5. Die Brote auf das Backblech geben und auf die mittlere Schiene in den vorgeheizten Backofen schieben. Die Backzeit beträgt etwa 65 Minuten, wobei in den letzten 20 Minuten die Hitze auf 180 °C reduziert wird.

Gerstenfladen mit Milch (siehe Foto Seite 121, vorne)

1. 100 g Gerstenvollkornmehl in eine Schüssel sieben und in der Mitte eine Vertiefung formen. Die Hefe einbröckeln, Zucker einrieseln und mit Wasser verrühren. Die Schüssel mit einem Tuch abdecken und den Vorteig 30 Minuten ruhen lassen.
2. Den Vorteig mit restlichem Mehl, Milch und Salz etwa 10 Minuten zu einem geschmeidigen Teig kneten. Den Teig abdecken und 1 Stunde ruhen lassen.
3. Den Backofen auf 200 °C (Umluft 180 °C, Gas Stufe 3–4) vorheizen und drei bis vier Backbleche mit Butter ausfetten (oder die Fladen nacheinander backen).
4. Den Teig auf einer bemehlten Arbeitsfläche einige Minuten kneten und dann in zehn Portionen teilen. Jede Teigportion in dünne, handtellergroße Fladen ausrollen.
5. Die Fladen auf Backbleche verteilen und mit einer Gabel mehrmals einstechen; nochmals 10 Minuten ruhen lassen.
6. Die Backzeit beträgt auf der mittleren Schiene im vorgeheizten Backofen 8 bis 10 Minuten.

Gesundheit
Dieser Gerstenfladen ist kompakt und macht sehr satt. Eine ideale Grundlage für Hobby-Sportler, die viel Ausdauer, Kraft und lange Energiereserven brauchen.

Für 10 Fladen:

300 g Gerstenvollkornmehl
½ frischer Hefewürfel (ca. 20 g)
1 Prise Zucker
50 ml lauwarmes Wasser
100 ml lauwarme Milch
1 TL Meersalz

Außerdem:

Butter für die Backbleche
Mehl für die Arbeitsfläche

Brotbackautomat

Typ/Programm: Normal/Brot

1 Päckchen Trockenhefe
1 TL Zucker
250 g Weizenmehl
200 g Gerstenmehl
1 TL Meersalz
1 EL Butter
150 g Magermilchjoghurt
200 ml Wasser

Für 10 bis 12 Stück:
200 g Maismehl
100 g Weizenmehl
1 TL Meersalz
1 TL Pflanzenöl
150 ml lauwarmes Wasser
Außerdem:
Mehl für die Arbeitsfläche und zum Bestäuben

Brotbackautomat

Typ/Programm: Normal/Brot

1 Päckchen Trockenhefe
3 EL Pflanzenöl
1 Ei (Größe M)
50 g Quark (20 %)
1 TL Meersalz
300 g Weizenmehl
100 g Maisgrieß
250 ml Wasser

Tortillas mit Maismehl (im Foto, Mitte)

1. Maismehl, Weizenmehl sowie Meersalz in einer Schüssel vermischen. Pflanzenöl und Wasser hinzufügen und einen weichen Teig kneten. Die Schüssel mit einem Tuch abdecken und den Teig 30 Minuten ruhen lassen.
2. Den Teig auf einer bemehlten Fläche einige Minuten kneten und in zehn bis zwölf Portionen teilen. Jede Teigportion in papierdünne, runde Fladen auswellen; mit Mehl bestäuben.
3. Die Fladen einzeln in einer heißen, ungefetteten Pfanne auf beiden Seiten braten, bis sich bräunliche Flecken bilden. Lagenweise mit Alufolie separiert in ein Tuch hüllen.

Gesundheit

Tortillas sind die ideale Grundlage für jeden Wrap – das sind gerollte Maisfladen, in denen ein buntes Innenleben stattfindet. Sie können die Tortillas einzeln einfrieren und je nach Bedarf im Backofen schonend auftauen und erwärmen. Dann viel Gesundheit in Form von klein geschnittenem Salat, Paprikaschoten, Tomaten, Zucchini, Gurken und Fenchel z. B. mit Quark hineinpacken.

Für 10 bis 12 Stück:

250 g Weizenvollkornmehl
½ TL Meersalz
200 ml lauwarmes Wasser

Außerdem:

Mehl für die Arbeitsfläche und zum Bestäuben

Brotbackautomat

Typ/Programm: Normal/Brot

1 Päckchen Trockenhefe
1 EL Zucker
250 g Weizenvollkornmehl
200 g Weizenmehl
1½ TL Meersalz
320 ml Wasser

Chapati (siehe Foto Seite 121, hinten)

1. Weizenvollkornmehl und Salz in einer Schüssel vermischen. Das Wasser hinzugießen und den Teig mindestens 5 Minuten von Hand kneten; der Teig soll von weicher Beschaffenheit sein.
2. Die Schüssel mit einem Tuch abdecken und den Teig 30 Minuten ruhen lassen.
3. Den Teig auf einer bemehlten Arbeitsfläche kneten und dann in zehn bis zwölf Portionen teilen. Jede Teigportion nochmals kneten, zu runden Fladen auswellen und diese von Hand hauchdünn und etwa handflächengroß ausziehen. Die Teigfladen mit Mehl bestäuben und aufeinander legen.
4. Jeden Teigfladen einzeln in einer heißen, ungefetteten Pfanne auf jeder Seite braten, bis sie bräunliche Flecken bekommen.
5. Die fertigen Chapati auf einem, mit einem Tuch ausgelegtem, Teller stapeln. Zum sofortigen Verzehr.

Gesundheit

Chapati sind einfache Fladenbrote und »das« Brot in der indischen Küche. Sie sind für alle Zutaten zu haben und lassen sich damit rollen, wickeln, verpacken, überbacken und bei jeder Gelegenheit essen. Zum Frühstück einfach Ahornsirup oder Gelees darüber geben und zusammenrollen. Selbst hergestellte Chapatis sind z.B. für eine kalorienarme Ernährung, aber auch für Hefe-Allergiker zu empfehlen. Auf Vorrat backen und portionsweise einfrieren.

Vollkornbrötchen mit Pinienkernen

Gesundheit
Vollkorn macht satt und gibt durch das volle Korn einen hohen, lange anhaltenden Sättigungswert. Ein Vollkornbrötchen mit Quark bestrichen zum Frühstück – und Ihr Magen knurrt nicht schon wieder eine Stunde später …

1. Das Weizenvollkornmehl mit Backpulver, Salz und Honig vermischen. Magerquark und Eier unterrühren und den Teig gut kneten.
2. Den Teig auf einer bemehlten Arbeitsfläche kneten und die Pinienkerne unterkneten.
3. Den Teig in etwa zwölf Portionen teilen und jede Teigportion zu einem Brötchen formen. Jedes Brötchen mit einem nassen Messer kreuzweise einritzen.
4. Den Backofen auf 200 °C (Umluft 180 °C, Gas Stufe 3–4) vorheizen und ein Backblech mit Backpapier auslegen.
5. Die Brötchen auf das Backblech geben und auf der mittleren Schiene im vorgeheizten Backofen 25 bis 30 Minuten backen.

Tipp

Sie können auch andere Mehlsorten, wie z. B. Dinkelvollkornmehl, Roggenvollkornmehl oder halb Gerstenvollkorn- und halb Weizenvollkornmehl, verwenden. Die Pinienkerne mit anderen Zutaten, wie z. B. fein gehackten getrockneten, in Olivenöl eingelegten Tomaten, Mandeln oder Rosinen austauschen.

Für 12 Stück:

500 g Weizenvollkornmehl
1 Päckchen Backpulver
1 TL Salz
4 EL Honig
500 g Magerquark
2 Eier (Größe M)
100 g gehackte Pinienkerne

Außerdem:

Mehl für die Arbeitsfläche
Backpapier

Brotbackautomat

Typ/Programm:
Vollwert/Brot

1 Päckchen Trockenhefe
200 g Weizenvollkornmehl
150 g Roggenvollkornmehl
50 g Quark
2 Eier (Größe M)
1 TL Salz
50 g gehackte Pinienkerne
2 EL Honig
300 ml Wasser

Sachregister

Rezeptregister

Wichtiger Hinweis
Die im Buch veröffentlichten Ratschläge wurden von Verfasser und Verlag sorgfältig erarbeitet und geprüft. Eine Garantie kann dennoch nicht übernommen werden. Ebenso ist die Haftung des Verfassers bzw. des Verlages und seiner Beauftragten für Personen-, Sach- und Vermögensschäden ausgeschlossen.

Die Autorin

Rose Marie Donhauser absolvierte drei gastronomische Ausbildungen, u.a. als Köchin im Hilton Hotel München. Seit 1988 arbeitet sie erfolgreich als Kochbuchautorin, Foodjournalistin sowie Restauranttesterin und hat bereits über 80 praxisorientierte Koch- und Backbücher veröffentlicht. Ihre Leidenschaft zum Kochen und Backen verbindet sie auf ihren zahlreichen kulinarischen Reisen, von denen sie immer wieder neue Ideen mitbringt. Seit 1996 ist sie Mitglied im Food Editor Club (FEC) Deutschland.
Ihr spezieller Dank gilt bei diesem Buch Gitta Eckert, die der Autorin beim Testen der Rezepte hilfreich zur Seite stand.

www.donhauser-essklasse.de

Bibliografische Information Der Deutschen Bibliothek
Die Deutsche Bibliothek verzeichnet diese Publikation in der Deutschen Nationalbibliografie; detaillierte bibliografische Daten sind im Internet über http://dnb.ddb.de abrufbar.

Bildnachweis
Umschlagfoto: Stockfood/Viennaslide/Richter; UNOLD AG
Fotos: Fotex/Klein, D. S. 60; Imago/Peter Widmann S. 13; Jump/Kristiane Vey S. 108; Panasonic S. 8, S. 21; Stockfood/Food-Photography Eising S. 28, S. 76; Superbild/B.S.I.P. S. 92; UNOLD AG S. 20; Rezeptfotos Foto König & König, Zürich.

Projektleitung: Kathrin Gritschneder
Redaktion: Damla Özbay
Bildredaktion: Sylvie Busche (Ltg.), Lena Wendte
Umschlagkonzeption: Daniela Meyer
Herstellung und Satz: Uhl + Massopust, Aalen
Reproduktion: Kaltner Media, Bobingen
Druck und Bindung: Druckerei Appl, Wemding
Printed in Germany

Gedruckt auf umweltfreundlich chlorfrei gebleichtem Papier.

ISBN 3-426-66951-X